關帝學 聖鸞學院叢書

大道向前行 III
與神同行

天赦恩典・宗教學術・關門會議・總結分享
修補靈體・轉換陰陽・法體元神・周全圓融

中華玉線玄門真宗教會教尊 陳桂興 總召
聖鸞學院執行長 張家麟 編撰

目次（contents）

推薦序

- 8　修補靈體：賀《大道向前行Ⅲ-與神同行》付梓 / 教尊 玄興
- 10　與神同行 精勤修法 邁向大道 殊勝圓融 / 龔昶元
- 12　關門會議：賀《大道向前行Ⅲ-與神同行》刊行 / 張家麟

緒論：奉旨辦理

- 16　楔子：結法緣
- 17　禮敬：邀菁英
- 18　交陪：敬邀請
- 19　盛會：共精進

Part 1　關門靜思・總體論證

Part 1-1 關門會議總論：名家點評　22

1-1-1 敬邀精進・關門共證　22
- 22　玄門山廣開修門・辦理「關」門會議 / 教尊 玄興

1-1-2 反省・拔罪・祈福　24
- 24　「天赦日」可以作什麼？ / 張家麟

Part 1-2 關門會議總論：廟學高峰論壇　26
- 26　開場 / 教尊 玄興
- 27　宗教引入企業管理 / 龔昶元
- 28　「關」門會議的意義 / 張家麟
- 30　跟神、大師、教授學修行 / 吳光雄
- 31　引入正確的關帝信仰 / 黃國彰
- 32　關帝何時成為玄靈高玉皇大帝 / 謝國銀
- 32　無量殊勝的因緣 / 釋蓮東
- 33　區分自己心意識與神意識 / 胡萬新
- 35　宗教論證須引經據典 / 游朱義

Part 2-1 宮廟寺院的基本條件與困境：名家點評　　40

2-1-1 宮廟寺院的硬體規劃　　40
- 40　堅持藝術：還給寺廟原來之美 / 張家麟
- 43　台灣寺廟建築的變與不變 / 陳仕賢
- 48　神聖或世俗：扶鸞空間的安排 / 台宗會

2-1-2 選擇合適的經典　　50
- 50　選宮廟主神的經典 / 台宗會

2-1-3 宗教認同與歸依　　53
- 53　宗教的修行與認同 / 台宗會
- 56　皈依修行・自我提升 / 謝政修
- 58　宮廟寺院道場的管理模式 / 台宗會
- 62　宮廟制度化的管理與經營 / 台宗會
- 65　企業管理・寺廟傳承 / 龔昶元
- 68　文化創意・價值再創 / 謝政修

Part 2-2 宮廟寺院的基本條件與困境：廟學高峰論壇　　70
- 70　楔子 / 教尊 玄興
- 72　在天赦日精進學習 / 張家麟
- 72　皈依與認同 / 謝政修
- 73　宗教組織與效能 / 龔昶元
- 75　宗教組織傳承與文化創造 / 謝政修
- 76　籌設與辦理道教學院 / 張瑞濱
- 77　宗教組織分工的文化 / 龔昶元
- 79　天赦日源由 / 張家麟
- 79　道教祈福赦罪儀式 / 張文政

Part 3 關聖帝君・接掌天盤

Part 3-1 關公成玉帝：名家點評 … 82

3-1-1 關公的神格及功能演變 … 82
- 82 儒教的關公神格與功能 / 張家麟
- 86 道教的關公神格及功能 / 台宗會
- 90 佛教的關公神格及功能 / 台宗會
- 96 民間教派的關公神格及功能 / 台宗會
- 99 戲曲、小說的關羽神格及功能 / 台宗會
- 102 歷代皇帝及文人加封關公 / 謝政修
- 105 關公神格演變 / 王心伶

3-1-2 關公成為第十八代玄靈高玉皇大天尊的依據 … 108
- 108 《桃園明聖經》的關公神格 / 張家麟
- 112 經典促使關公成為天公 / 謝政修
- 115 鸞經促使關公成天公 / 王心伶

3-1-3 關公執掌天盤，成為玉皇大帝的意義 … 118
- 118 經典使關帝掌天盤 / 張家麟
- 122 末世救劫論成就關公為玉帝 / 謝政修

3-1-4 關公成為玉皇大帝後，其功能為何？ … 124
- 124 救劫・濟世・勸善與修行 / 張家麟
- 127 度化人心・皈證圓融 / 龔昶元
- 129 信仰推廣・宗教教化 / 王致傑

3-1-5 信徒深信關公成為玉皇大帝，如何為祂代天宣化 … 131
- 131 關公信仰與社會需求結合 / 張家麟
- 134 五常德深化關公信仰 / 龔昶元
- 137 誦經與印經推廣關公信仰 / 王致傑
- 140 關聖榮登玉帝古今華夏第一人 / 黃國彰

Part 3-2 關公成玉帝：廟學高峰論壇　　144

- 144 緣由 / 教尊 玄興
- 145 關帝榮登玉帝 / 黃國彰
- 147 關帝神格演變 / 謝政修
- 148 儒教封關公成神 / 王心伶
- 150 關帝降旨於玄門山 / 教尊 玄興
- 151 從經典認識關帝封神 / 謝政修
- 152 關公成為天公的經典 / 王心伶
- 152 關帝為救劫之大神 / 謝政修
- 154 以五常德濟世 / 張家麟、龔昶元
- 155 關帝信仰的傳播 / 王致傑
- 156 玄靈高上帝大誓願 / 龔昶元
- 157 道德、感恩教育 / 胡萬新、廖振博
- 158 佛教「甘露施食」之儀 / 釋宏定

Part 4-1 神靈與人靈之間：名家點評　　162

4-1-1 確實相信有神靈　　162

- 162 一神與多神信仰 / 張家麟
- 165 儒教的多神崇拜 / 台宗會
- 169 神靈歸到神聖物 / 台宗會
- 173 神靈的起源與類型 / 龔昶元
- 177 萬物有靈論 / 呂宗麟
- 178 中華文化天帝論 / 呂宗麟
- 182 神靈的入神與退神 / 呂宗麟

4-1-2 能確認神靈會降筆　　183

- 183 相信神明降臨及降筆 / 張家麟
- 184 神靈降筆的特質及功能 / 台宗會

4-1-3 人死後有靈魂　　188

- 188 人的靈魂歸往的國度 / 張家麟
- 191 面對死亡的人生觀 / 呂宗麟
- 192 中國祖先崇拜 / 呂宗麟

4-1-4 神可以進入你的身心靈　193
　　193 神進入身、心、靈 / 張家麟
　　195 乩手通神的狀態 / 台宗會

4-1-5 人與神同行的目的　197
　　197 神的教誨：以玄門真宗為例 / 張家麟
　　200 人與神同行 / 台宗會
　　203 神靈超越人的生命 / 龔昶元
　　204 向神學習到圓融國度 / 龔昶元

Part 4-2 神靈與人靈之間：廟學高峰論壇　206
　　206 起鼓 / 教尊 玄興　　　　　212 全球視野與承擔 / 張家麟
　　207 包容 / 張家麟　　　　　　213 密教的煙供 / 多傑洛仁波切
　　208 一神與多神 / 龔昶元　　　214 門生當關帝的九龍九鳳 / 龔昶元
　　208 神啟與典範 / 張家麟　　　215 修三命圓融・五常德 / 張家麟
　　209 修鍊身、心、靈 / 呂宗麟　217 如何判定神靈與外靈 / 王亭之
　　210 尊重亡者靈魂 / 梁秉和　　217 結語 / 張家麟
　　211 行善坦然面對死亡 / 呂宗麟

Part5 培訓法體・三命修行

Part 5-1 培訓與修行、證成：名家點評　220
5-1-1 再次反思宮廟寺院須具足的條件　220
　　220 培訓神的代言人 / 台宗會
　　223 三皈依與修行 / 張家麟
　　226 宮廟的軟硬體與制度化 / 龔昶元
　　228 宮廟的永續經營條件 / 謝政修

5-1-2 選賢拔才之方的基本功課　　230

230 可以閉關修行嗎？/ 台宗會

233 圓融大法：練氣修身養性 / 張家麟

235 反思神職人員培養之制度 / 謝政修

5-1-3 成就三命圓融皈證修法？　　237

237 談玄門真宗教會的三命之理 / 張家麟

240 三命圓融的意義 / 張家麟

243 五常導師修本命圓融 / 台宗會

246 詮釋玄門真宗的三命圓融法要 / 龔昶元

Part 5-2 培訓與修行、證成：廟學高峰論壇　　248

248 開幕 / 教尊 玄興

249 討論主題 / 張家麟

250 培訓神的代言人 / 王心伶

251 宮廟軟硬體的建立 / 龔昶元

252 宗教市場論 / 張家麟

252 宗教人才的培訓 / 謝政修

253 運用 IG 與 Dcard/ 張家麟

254 閉關修行的面向 / 王心伶

255 教門閉關修行的要求 / 教尊 玄興

256 建立神職人員培訓 / 謝政修

257 引入 TTQS 人才培訓 / 龔昶元

259 投入社會、教育與學術 / 教尊 玄興

260 聖鸞學院的祈願語 / 張家麟

261 尾聲 / 教尊 玄興

接續：開脩門　　262

附錄　　263

附錄 1 關門：相砥礪　　263

附錄 2 花絮：來精進　　265

附錄 3 參與：共修行　　270

天赦頒敕・關門會議・修補靈體：
賀《大道向前行Ⅲ－與神同行》付梓

「一個宗教當以利益眾生為基，與時俱進，才能長久生存發展」！

中華玉線玄門真宗教會為我國登記合法第 26 個宗教，於立教之初，即服膺此信念，主導或委辦各項宗教學術、修行課程及跨教儀式。

依此：去歲（2023）癸卯兔年，五場天赦日之「關門會議·修補靈體」活動辦理圓滿，如今結集成冊。已經為參與者「心靈」留下一項記錄，也為台灣「聖鸞」書寫一頁歷史，更為本山門「關帝學」積累一塊礎石。此利益蒼生、有助修行者、利己利人的「法佈施」，余忝為本教門教尊，理當率領門生，全力以赴。

今日，《2023 與神同行 - 大道向前行 3.0》付梓。我以為尚有幾點意義，值得與大家分享：

1. 恩主慈悲：本教門奉恩主公玉旨，發大慈悲心，擇天赦日辦理此關門學術系列講座會議。邀請廟學兩界專家，為當前宮廟寺院的現象、困境、問題把脈，並開出處方箋。旨在追求台灣宗教的良善價值，提升宗教的水準素質。始能對得起恩主、眾神，更可以利益群黎。

2. 宗教文創：一般宮廟在天赦日為信眾求玉帝赦罪，進而行祈福、補財庫之儀。本教門以此為基，擴大辦理。擇 2023 年 3 月 21 戊寅日、6 月 5 甲午日、7 月

18 戊申日、10 月 17 戊申日及 2024 年 1 月 1 甲子日等天赦日弘道、修補靈體。上午行關門學術交流活動，下午作義診及祈福法會；最後一場以座談、新書發表、聖鸞學院揭牌及百桌千人福宴圓滿。

3. 聚焦討論：敬邀請 14 名廟學兩界專家引言，分五場次，約 1600 名會眾上山，共同集思廣義。聚焦於：宮廟寺院具足的基本條件、確證人的靈魂存在、確證神靈與人的靈魂存在、神與人關係、與神同行的真實展現、與神同行的目的、目前寺廟宮院堂的困境、培訓神的代言人及成就三命圓融皈證修法等九大構面問題。

歸納總結成「關門靜思‧總體論證」、「宮廟條件‧化解困境」、「關聖帝君‧接掌天盤」、「無量法喜‧神人之間」及「培訓法體‧三命修行」等 5 個 Part。已經有了初步的成果，懇請方家指正，同修酌參。

4. 廣開修門：這本只是本山門歷年來為各宮院寺廟堂執事、信眾服務的小冊子。未來，將有 3 個接續：（1）玄門山是屬於您我的修行道場，我將廣開脩門，伸展雙臂，歡迎所有朋友上山共參、共證、禮神。（2）我也會持續辦理廟學論壇，邀請專家學者、宗教領袖，分享其經驗與大家相互砥礪。（3）持續與神同行，修成現世圓融與來世圓融；永遠抱持無量感恩的心，共結修行道緣。

過去，本教門已經完成 2021 年的《後疫情時期宗教的回應 - 大道向前行》及 2022 年的《宗教祝聖儀軌 - 大道向前行 2》兩本書。今天，三度刊行本冊。將一切榮耀歸給恩主、恩師、眾神祇，功德迴向給會眾、門生、教授團隊。

希望來年，您我共同財佈施、身參與、結法緣，年年辦理、出版「大道向前行系列」。為台灣社會增添優雅的宗教人文氣息，又有誰說不宜？！

玄門真宗 陳桂興

與神同行 精勤修法 邁向大道 殊勝圓融

　　以往華人日常的宗教習俗，面臨現代社會生活節奏的變化與主流價值多元化的趨勢，或多或少產生了變化，隨著時代的變遷，許多節日也會因時代的改變而有不同的形式意義呈現。以往台灣民間社會的宗教觀在一年中的「天赦日」，係鼓勵信眾能藉此日洗滌心靈，自我反思平時的言行舉止是否合乎倫理道德的要求，過往的行為是否有不當之處，自我懺悔，並祈求天公的赦免過錯，賜與修正的機會，進而消災解厄，遠離災難，趨吉避凶，祈福添壽；所以天赦日的根本在於鼓勵信眾向天公神明「反省、拔罪、解厄、祈福」，積極的意義在於策勵未來行事方向。

　　時代潮流變遷，社會大眾日常生活習慣改變，宗教習俗也不斷賦予新的意義。在本年度，玄門真宗不同於以往的傳統作法，決定舉行「關門會議」論壇，為「天赦日」活動內容做了更有積極意義的創新，也為華人宗教活動的發展注入更多的理論與實務意涵。

　　當天邀集各大宗教寺廟宮院門派賢達執事、專家學者前來玄門山總壇，集思廣益交流討論當前宗教發展的重要課題，舉行義診，及各宗教典範科儀儀軌展演觀摩，實踐大格局的「天赦日」現代意涵。

　　針對宗教在現代社會發展面臨的問題深入討論，透過專家學者的學術理論研究及各大宗教門派代表的觀點，一方面釐清宗教在現代社會的本質及生活實踐的

方式,規劃的討論主題包括:宮廟經典、台灣寺廟建築特色、寺院宮廟道場的管理與決策模式、宮廟制度化經營、傳承、治理、績效控制、神職人員的基本道德、皈依、修行、培訓;寺院宮廟永續經營與價值創新、關聖帝君的神格及功能演變、如何實踐關公神諭的使命代天宣化、華人宗教的神靈觀等。

整體而言,在於反思當前宗教發展面臨的制度、系統、宗教學說、理論與社會多元價值發展契合、神職人員修行精進、宮廟管理人才培育、信徒基礎擴大等等問題與困境,深入探討當前台灣宗教發展的挑戰;另方面「關門會議」論壇透過與會專家學者及各宮廟賢達的睿智研析,也指出了現代宗教未來發展可長可久的努力方向,充分展現「天赦日」激勵信眾邁向殊勝圓融大道,實踐未來理想的現代意義。

玄門真宗本於推展關聖帝君五常德教義與宗教未來發展的重責大任,遵循傳統「天赦日」反思、修持、策勵未來的精神,在年度的「關門會議」論壇,除設定具有深度與積極意義的討論議題外、更提出本教門培訓修士及神職人員登聖鸞的聖凡雙修八大基礎修法、金指妙法五大修法、代天宣化、天命、本命、祖命三大修法等基礎及進階法門等修行要訣、建立選賢、拔聖、度九玄制度化、系統化修行持法的可行方式,以就教於各界賢達。經過一連串的論壇激盪討論,各界賢達、專家學者的真知灼見智慧結晶,今日得以彙集成本書,深信必能為台灣宗教發展貢獻棉薄之力,攜手有志信眾與神同行,邁向殊勝圓融大道。

玄門真宗學術顧問 劉祝元

關門會議：賀《與神同行-大道向前行Ⅲ》刊行

對虔信者而言：「有祈有感應，有願有善行」！先言「祈」：中華玉線玄門真宗教會祈求玄靈高玉皇大天尊，在辛卯年（2023）天赦日，頒敕宗教學術「關門會議」。廣邀國內各界宗教團體領袖及有識之士，上花壇總教區集思廣義，反思當前宮廟寺院的軟體、硬體問題。

再說「願」：玄興教尊及其團隊，辦理此系列會議，有「廣結法緣」的善願的意涵。

 1. 奉恩主公玉旨：奉玉皇大天尊玄靈高上帝頒旨，辦理宗教關門學術會議。

 2. 深化廟學法緣：分為總論、宮廟誓願、神靈與人靈、神人關係、培訓與修行證成（關公成玉帝）等議題剖析。

 3. 用天赦日弘道：於2023年的3月21戊寅日、6月5甲午日、8月18戊申日、10.17戊申日及2024年1月1甲子日；辦理弘道志業。

 4. 為關帝學奠基：為關帝學奠定礎石，作為學修、交陪、教化與弘道之用。

 5. 上玄門山論道：召集菁英集思廣義，續《大道向前行》系列。承接2021《後疫情時期宗教的回應-大道向前行》，2022《宗教祝聖儀軌-大道向前行2》及今年的2023《與神同行-大道向前行3.0》。

有了祈與願，廟學兩界菁英，就得法普賢菩薩騎白象扛起重擔，履行弘化的使命。

 第三，禮敬廟學兩界菁英主講：玄興教尊、龔昶元教授、謝政修博士、游朱義老師、陳國禎道長、黃國彰理事長、張文政道長、釋宏定監院、多傑洛本仁波切、王心伶博士生、王致傑博士生、梁秉和講師、張家麟教授等人發表謹論。計

有 123 個團體，614 個人次，上山討論、分享。

　　使得花壇本山，群賢畢至；會眾聚精會神，聆聽專家學者高見，共同作為修行。接著聚焦於：宗教「宮廟寺院」具足的基本條件？確證人的靈魂存在？確證神靈與人的靈魂存在？神與人關係？與神同行的真實展現？與神同行的目的？目前寺廟宮院堂的困境？如何培訓神的代言人？成就三命圓融皈證修法？等 9 大面向，當前宮廟的迫切問題。如今書成之餘，後學忝為編纂者，有幾點心得與眾善信分享：

　　1. 創意：玄興教尊在玉帝的玉旨下，將天赦日轉化為弘道、行科演法、義診的良辰吉日，頗具宗教文化創意，值得肯定。

　　2. 佈施：玄門真宗廣開善門，花鉅大人力資源、財務資源，無私利他的法佈施、財佈施與身佈施，符玉帝慈善喜捨弘道之玉旨。

　　3. 脩行：將五場天赦日轉換成為「修補靈體，轉換陰陽，法體元神，周全圓融」之修行日子，已在會眾的生命史烙下不可磨滅的印記。

　　4. 接續：玄門真宗於2024年元旦，成立具公共性、神聖性的「宗教財團法人」，廣開修行之門。未來，依舊歡迎會眾上山，關門反思、參學精進，與神同行、修成圓融。

　　最後，我內心深處也虔誠祈願：「祈」玄靈高玉皇大天尊關聖帝君，持續帶領九龍九鳳諸門生，為五常導師，和蒼生一起向善、同修！

　　「願」玄門真宗教會的弘道行善，持續發展、發酵；感動眾善信的人心後，大夥攜手共同投入弘道行善志業！

淡江大學教授
內政部宗教諮詢委員　張家麟
台北、台中市政府市政顧問

緒論

天赦感恩 ‧ 奉旨辦理
關門會議 ‧ 群賢畢至

楔子：結法緣

一、奉恩主公玉旨：玄門真宗最高神指示辦理此系列講座

二、深化廟學法緣：總論、宮廟誓願、神靈與人靈、神人關係、培訓與修行證成、關公成玉帝等問題

三、用天赦日弘道：於 2023 年的 3 月 21 戊寅日、6 月 5 甲午日 7 月 18 戊申日 10 月 17 戊申日及 2024 年 1 月 1 甲子日辦理

春赦戊寅夏甲午，戊申赦日喜秋逢，三冬甲子甚為吉，百事遇禍反為福

四、為關帝學奠基：為關帝學奠一塊礎石，作為學修、交陪、教化與弘道之用

五、上玄門山論道：召集菁英集思廣義，共論大道

六、續大道向前行：已辦理 2021《後疫情時期宗教的回應 - 大道向前行》
　　　　　　　　　2022《宗教祝聖儀軌 - 大道向前行 2》
　　　　　　　　　新刊行 2023《與神同行 - 大道向前行 3.0》

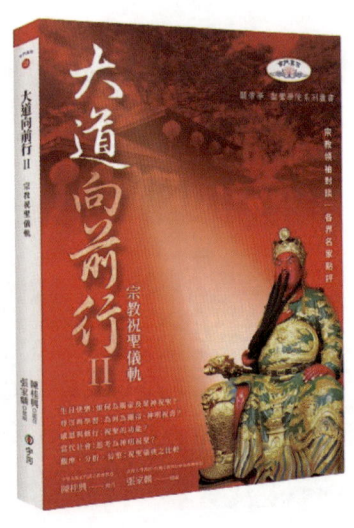

禮敬：邀菁英

一、宗教領袖

玄興教尊　　陳國禎道長　　張文政道長　　游朱義老師

黃國彰理事長　　釋宏定監院　　多傑洛本仁波切

二、專家學者

龔昶元教授　　張家麟教授　　呂宗麟教授　　謝政修博士

王心伶博士生　　王致傑博士生　　梁秉和講師

交陪：敬邀請

討論九大構面問題

宗教「宮廟寺院」具足的基本條件

確證人的靈魂存在

確證神靈與人的靈魂存在

神與人關係

與神同行的真實展現

與神同行的目的

目前寺廟宮院堂的困境

培訓神的代言人

成就三命圓融皈證修法

盛會：共精進

團體計有 183 個宮廟堂，749 名；個人計有 99 名；共 858 名

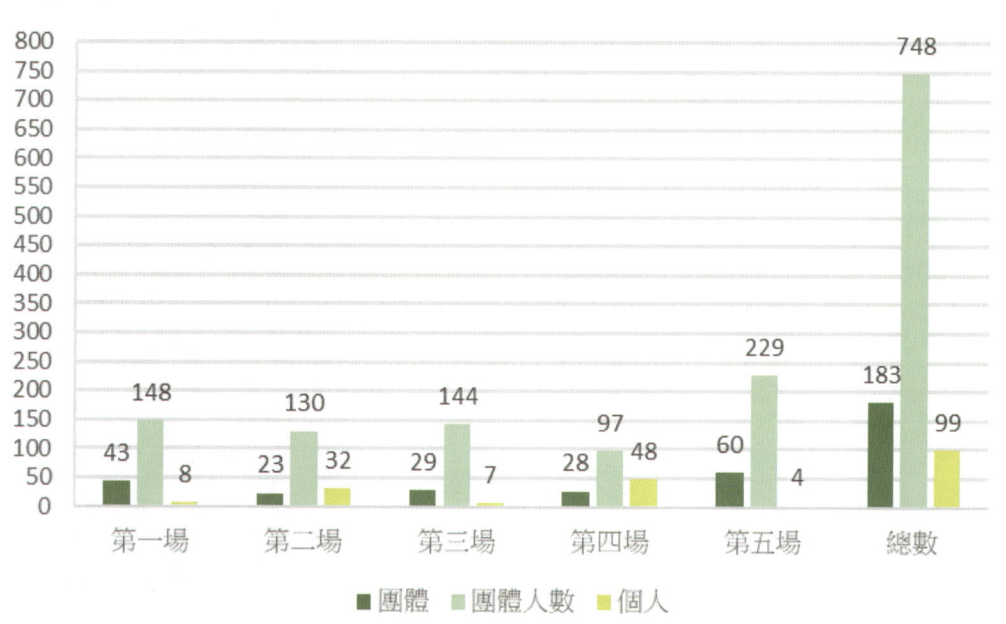

參與關門會議團體、個人總數量圖

Part1

關門靜思 ‧ 總體論證

Part 1-1 關門會議總論：名家點評
1-1-1 敬邀精進・關門共證
玄門山廣開修門・辦理「關」門會議

玄興教尊

邀請全球各宮院堂執事來玄門山參加關門會議

一、誠摯敬邀

　　歡迎諸山道長、宮院堂寺廟、修行靈修者，免費參與研修宗教關門學術會議。

二、奉恩主法旨

　　中華玉線玄門真宗，奉玄靈高上帝「關聖帝君」聖諭法旨：舉辦「修補靈體・

轉換陰陽・法體元神・周全圓融」宗教關門學術會議。

三、邀請對象

1. 舉凡發願於修行或靈修者，皆具足於先天使命、累世倒裝承願的因緣而來。

2. 不論在任何宗教體系或自修自悟者，也皆必具足成就自己或度一切眾生大願。

3. 唯拘於宗教派別框架，或拘於學修障礙，總是難以周全圓融自度及度一切眾生的真實成就。

四、會議宗旨

玄靈高上帝與諸聖恩師敕頒以：「關門學術研修」，邀請帶天命的靈修者及在靈修過程或發願度一切靈衹的諸聖仙佛人間代言使者，有所困境或靈體已有病兆者，歡迎上玄門山參與，共同學修並立願成就自度度人的無上使命。

五、自我超越

1. 法旨境轄內之一切三界內靈衹辦理，修補靈體，轉換陰陽，法體元神能周全具足，助登皈證度昇聖階蓮座。

2. 十方大眾學修道子，能蒙修法，作立心懺悔之行，使累世冤怨，能得解除，身體元神能周全具足，靈修登證健康法體，得以證道坦直無阻。

玄興教尊主持關門會議

1-1-2 反省‧拔罪‧祈福
「天赦日」可以作什麼？

淡江大學教授 張家麟

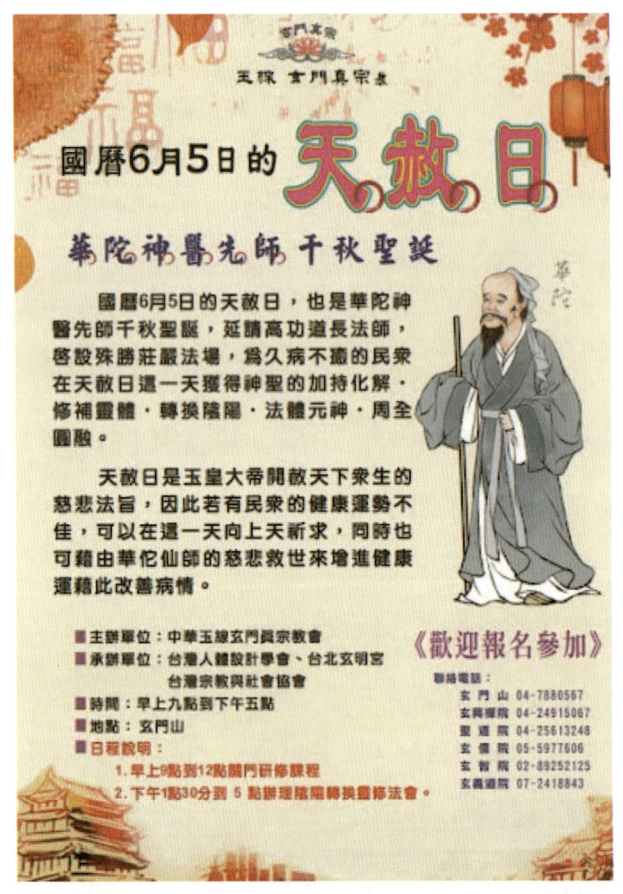

玄門真宗天赦日海報

3月21日逢農曆戊寅日，為《通書》中，2023年春天的「天赦日」，信仰者可以有什麼作為？在我看來，此信仰習俗隨科學時代潮流，已呈萎縮。但是，台灣本地部分宮廟、擇日館、道場，仍然保留了此千年以上的傳統。原來漢人祖先，根據天干與地支，計年、月、日、時；作為周而復始的循環。其中，計日部分：擇春天的「戊寅日」；夏天的「甲午日」；秋天的「戊申日」；冬天的「甲子日」；作為「天赦日」。認定這些日子，皆是「好日子」。

每年《通書》，都會計算一年四季，約有4-6天不等天赦日，作為「祈天、補運、改運、赦罪」之吉日。

早在宋朝時期，苗守信（955-1000）為天文曆官，修造《乾元曆》，建議朝廷不要在天赦日行斬首極刑。到清朝，《協紀辨方書》記載，此日子是為天地合德之辰，天地生心之所在。國家常擇此日「大赦天下」，讓死刑犯得以重生。

當代台灣民間社會，算命先生看《通書》擇日、合婚、批八字、堪輿，宣稱此日適宜祭祀、祈福、求嗣、作齋醮、兩姓結婚、嫁娶、修祖墳、造新墓、下葬等作為。

此外，在本地以天公為主神或設天公殿的寺廟，其執事也有異於以通書擇日

算命先生的宗教觀。他們常鼓勵信眾在一年中的天赦日，深切向上蒼反省自己過去的過錯，祈求天公赦罪；再進一步禳凶為吉；去除凶災、官訟、苦難；甚至可以祈福、添壽。

以關聖帝君為主神的彰化花壇「玄門真宗」，在上述作為之外，今年（2023）專作「冥陽拔度開恩赦罪」之儀。藉此為信徒、大眾，化解祖怨、冤恨、病厄、災難。將天赦日引申、擴張，以拔度祖靈、冤親債主，開赦在陽世生者之罪過，頗有獨樹一格的意味！

這些宗教作為，有點類似道教徒在三元節行「三官手書」之儀；書寫、誦讀疏文向三官大帝懺悔。也有點像佛教的梁皇法會，向佛祖懺悔，請求赦免。先行自我懺罪，之後深切反省得神佛的解宥，進而祈求得到福報。我們的祖先為了方便記憶，乃寫成順口溜：

春赦戊寅夏甲午，戊申赦日喜秋逢，三冬甲子甚為吉；

百事遇禍反為福。其日可以緩（刑獄）雪（冤枉）施（恩惠）

鼓勵我們在天赦日祈禳，化禍為福，希望帶來不可思議的效果。

這種用天干、地支計日，斷定天赦日為吉日的思維，全球唯有華人獨有。時至科學昌明，後工業社會的今天，仍在台灣繼續傳唱。然而，您可相信此信仰儀式之邏輯？

2023年（癸卯兔）天赦日表

國曆	農曆	天干地支
2023年3月23日	閏二月初二日	戊寅日
2023年6月5日	四月十八	甲午日
2023年8月18日	七月初三日	戊申日
2023年10月17日	九月初三日	戊申日
2024年1月1日	十一月廿日	甲子日

Part 1-2 關門會議總論：廟學論壇

玄門真宗法師辦理「修補靈體・轉換陰陽・法體元神・周全圓融」法會開場

開場

玄興教尊：大家好！今天先跟大家報告一下無形方面的法事，我們已經請法師和法壇來處理。下一次的演法會是6月5日，我們邀請陳道長來主法。今天的開壇和開法，則是由我們玄門真宗來主法。

現在我們要開始「關」門會議。今天是總論，主要是把乩手和寺廟的問題都統合成手上這份九大問題；然後請諸山道長們一起來討論。如果一間廟宇沒有建立起中心思想，辦事的乩手和管理委員也沒有共同的目標，那麼這間寺廟就無法好好經營下去。接下來還有四場會議，今天主要是統合意見。拜託各位一定要把意見寫下來並交出來，會請教授來幫我們統整。

張家麟教授：我今天想跟大家分享一些我的想法。教尊設計的這九個問題很有深度，我和龔教授也一起幫忙完善了一些內容。這五場閉門會議和下午的法會，都是秉持著無私、無求、無慾的精神。從《道德經》的角度來看，這是一種「無」的境界；從佛教的概念來看，則是一種「空」的境界。無論是游老師分享醫方法門，還是教尊傳授修法，都是無私、無慾的表現。在此，讓我們一起為教尊和玄門真宗鼓掌致敬！

游朱義的演講很精彩，他講的是身體的醫療，而這場則是心靈的療癒。大家覺得這裡充滿了正能量，彷彿頭上三尺有神明保佑。我們的討論是奉玄靈高玉皇大天尊的使命，來舉辦玄門真宗的年度活動。玄門真宗在玄興教尊的帶領下，將大家的想法集結成冊，未來會發行出版，與大家分享。

宗教引入企業管理

龔昶元教授：今天我們要討論一個很重要的議題：宗教在現代社會面臨哪些挑戰，我們該如何適應，才能將宗教義理和文化傳承下去。我研究企業管理和組織已經有三十多年的經驗，在學術領域觀察過許多企業組織的運作模式。現在，我來協助玄興教尊，研究如何將學習型組織的理念融入文化，並朝著這個方向前進。

剛剛教尊提到，廟宇的宗旨就跟企業的目標一樣，組織需要管理才有效率，要有中心思想，要不斷發展才能進步，所以需要文化。要跟社會、時代結合，也要管理有效率、有目標。我遵照教尊的指示，將過去宗教界研究的組織、管理、發展等問題，融合在學習型組織的理念中，希望宗教界可以來學習這個概念。

今天我們在此舉辦會議，旨在探討如何將企業管理理論應用於宗教管理，以

提升宗教組織的運作效能。我們誠摯邀請各位與會來賓踴躍發言，分享寶貴意見。本次會議由教尊、張教授及我分享其在宗教研究的成果。我們也將集思廣益，共同探討宗教在當代社會所面臨的挑戰與因應之道。我們期盼透過這次會議，能夠促進宗教的永續發展尋求新思維、新方向。

「關」門會議的意義

張家麟教授：今日我們在此舉辦「關」門會議，具有以下兩層意義：

首先，本次會議旨在凝聚各方智慧，集思廣益，我們希望透過開放的討論，激發創新的思維。

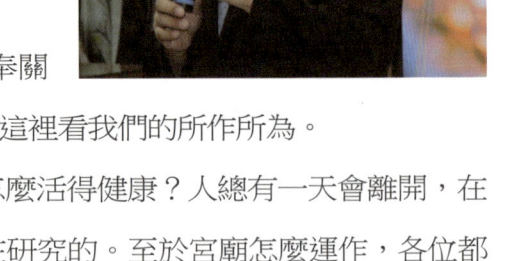

第二，玄門真宗跟許多宗教界宮廟都奉關聖帝君為主神，所以在關聖帝君鑒察下，在這裡看我們的所作所為。

游朱義老師：人這一生到底怎麼活？怎麼活得健康？人總有一天會離開，在離開之前，先把身體照顧好，這是我一直在研究的。至於宮廟怎麼運作，各位都是行家，我就不班門弄斧了。

張家麟教授：游老師真是客氣，他讓我想起我父親。我父親是個中醫，他看病從不收錢，是個像修道者一樣的醫生。病人如果拿錢給他，他會退回去，說這樣不合規矩；但如果病人包個紅包，他就會收下。他就像保生大帝、孫思邈，或是佛教的藥王釋迦牟尼佛一樣。

對主神如數家珍

在今天的會議正式開始之前，我先提幾個小問題。

第一，大家對自己拜的神有多了解？例如慈惠堂的瑤池金母？

向母娘、觀音、關聖學習其精神與典範，作為修行法門

　　最早提到母娘的書是《山海經》，祂長得像人頭獸身，最早的母娘神話是周天子在瑤池見到了母娘。第二個神話是漢武帝夢見母娘來到漢朝，母娘變成雍容華貴的女神。在道教中，母娘跟東王公是對稱的。台灣有多少間母娘廟？有多少間東方木公廟？在這裡的師兄姐都要對母娘的知識如數家珍，這些都是母娘的基本知識。

　　又如觀音菩薩是誰？為什麼叫觀音？為什麼拜祂？要回答第一個問題，我們要回到唐朝。因為要避諱唐太宗李世民的名字，所以觀世音簡稱為觀音。要回答第二個問題，我們要了解觀音的兩個法門。第一個法門是觀照自己的內心，知道一切都是空；第二個法門是觀照世間的苦難聲音。

　　再如關公，為什麼稱為關聖帝君？在中國歷史上，誰最早封祂為神？原來唐玄宗封姜子牙為主神，張良等10位軍師為配祀神，設武成王廟。到唐德宗時，將關羽列為東廂排名第16名的將軍，朝廷正式奉祀祂。隨著歷史的演變，到了宋、明、清，關羽被皇帝加封，成為很偉大的神明。明太祖在南京雞鳴山獨祀關王，祂已經取代了姜子牙的地位。鄭成功來台灣時，帶了孔子、關聖帝君、玄天上帝的香火。鄭成功去世後，他的軍師陳永華蓋了這三位神的廟。

　　以上提問主要是為了激發大家的興趣，在座的各位都可以提問和發表意見。

　　玄興教尊：各位師兄姐們，如果有什麼希望在以後的會議中討論的議題或是想要我們去拜訪了解的，都可以填寫在這個表格上。當然，我們也希望在場的各位都能夠提出獨特的見解與想法，讓我們在接下來的四次會議中，能夠有更深入的討論。如果在討論的過程中，大家有任何意見，也可以再提出。接下來，我們邀請南天宮的主任委員暨中華關聖帝君弘道協會的總會長來為我們講兩句話。

跟神、大師、教授學修行

　　吳光雄總會長：今天玄門真宗舉辦的關門會議，意義非凡。剛才張教授也提到了，我們所信仰的宗教，應該透過學術研究進行系統化的闡述，並正確傳達相關知識，才能幫助信眾在民間信仰中化解矛盾、消除疑慮，避免道聽塗說。科技日新月異，然而神明的教化卻未能與時俱進，這也是宗教界亟需重視的課題。在此感謝張教授為我們解說神明的由來，以及教尊的辛勤付出。

　　此外，修行是信徒的根本。今天我們有幸聆聽關聖帝君的教誨，並參與會議培訓，獲益良多。關聖帝君現掌天盤，為玉皇大天尊玄靈高上帝，這項資訊尚未普遍為信眾所知。因此，我們應該向教尊、黃國彰理事長以及張教授學習，推廣正確的信仰與知識。

　　隨著人類科學的進步，人們對扶鸞容易產生誤解。神明降筆指示，當今世界已發展到此等地步，唯有透過個人修行，才能達到神聖祥和的境界。而要達成此目標，必須結合關聖帝君的教化、大師的領導及個人的苦修與練功，才能修成正果。

教尊：關聖帝君弘道協會的吳總會長一直以來致力於弘揚關聖帝君的文化，不辭辛勞，令人敬佩。此外，黃理事長深入鑽研關聖帝君經典，用心解讀，其成果令人感動。在此，我謹邀請黃理事長為我們分享幾句。

引入正確的關帝信仰

黃國彰理事長：我要感謝教尊的邀請，讓我們有此殊榮齊聚一堂，共同學習成長。台灣的宮廟密度和信仰人口，在全球都名列前茅。如果我們能夠推廣正確的信仰，並宣揚關帝精神，必定能對社會和國家產生一股強大的正向力量。

吳總會長目前領導著100多間關帝廟，如果能夠導入正確的信仰觀念，其影響力將會非常深遠。我誠摯地希望，我們能夠攜手合作，共同推動此項重要工作。

張家麟教授：謝謝吳總會長和黃理事長的分享。我簡單回應一下：

1. 剛剛吳總會長提到，要把民間信仰的知識系統化，這個方向很對，也是黃理事長所說的信仰知識正確化，這非常重要。

2. 全世界信仰人數最多的不是我們華人的宗教，而是基督教和伊斯蘭教，分別排第一和第二。我們華人宗教連前三名都排不進去，因為這兩個宗教都有系統化的知識和神學體系，還有很多優秀的宣教人才。這都是我們要思考的問題。

3. 吳總會長還提到了修行，我覺得修行很重要。我同意他說的要找名師指導，自己修行容易出問題，很難有進步。多跟其他修行者交流學習，找一位好老師指導，是我們修來的福氣。法鼓山就是一個很好的例子，那裡的人們無論是走路、吃飯、聽課，都在修行。修行可以融入我們生活的方方面面，這值得我們學習。

關帝何時成為玄靈高玉皇大帝

在座的竹東慈惠堂謝國銀堂主也是一位資深的乩手，還有汐止拱北殿的董事長及副董事長也來到了現場，我們請謝國銀堂主跟我們分享一下他的經驗。

謝國銀堂主：今天能夠來到這裡參加這個活動，我非常開心。剛剛教授講了很多，我也想請教教授一個問題。很多人家裡都供奉著關聖帝君，我以前從14歲開始就參加獅頭山勸化堂的扶鸞活動，有時候是關聖帝君的分身顯靈，有時候是關聖帝君本尊降駕。以前，玄靈高上帝就是玉皇大帝。那麼，玄靈高上帝是從什麼時候開始的？祂又是怎麼樣得到中天玉皇這個稱號的？請張教授為我們解答一下。

關帝被堆疊逐步成為玉皇大帝

張家麟教授：關於這個問題，我已經研究了很久，也寫了一篇兩萬字的論文。改天我再找個機會跟大家分享。關聖帝君的封號從關王、伏魔大帝一直到協天大帝，不斷地被提升。在宗教學中，皇帝往往扮演著重要的角色，乩手也非常重要。

玄興教尊：這是第二場的討論主題，如果大家還有疑問，歡迎參加第二場會議。今天只是做個總論，在6月5日前我們還會拜訪各位，收集問題。接下來，我們請南投雷藏寺真佛宗的理事長上台分享。

無量殊勝的因緣

釋蓮東理事長：我是代表真佛宗派出席，很榮幸受邀參加今天的活動。我們師尊也是經歷了道教、佛教、密宗的修行，早期由瑤池金母開啟天眼，後來又修

習了顯教和密宗的出家法和在家法。我們每個人都具有佛性，只要開發出自己的靈性和靈覺，從修行開始，慢慢地也能夠解開業障，幫助眾生。

剛才老師講的，我非常認同。修行靠的是自己的力量，只有自己具備了正能量，才能引導他人。在座的各位都是經驗豐富的領導者，也都很有修行心得。我很榮幸能與大家相識，共同參與這次關門會議。關聖帝君也是護佑我們佛教和眾生的神明。我們來到人間都是有因緣的，最終都要回歸本源。每個人都有前世，都有業緣。我出家也是因為前世的因緣。

玄興教尊：因為時間有限，法會將於1點半開始。我們已經準備好了法場，您代表您的恩師和法旨，可以自行安排處理事宜。在法場前面有一塊區域，供大家自行療癒，具體如何操作都交給各位自行決定。法場的經文和結界都已準備就緒。我們還為這次法會舉行了超度法會，所以一切準備工作都已完成，就等大家發出無量的慈悲心，代表您願意引渡十方法界的所有眾生，來修補、修復、完整我們的人生。

區分自己心意識與神意識

胡萬新董事長：剛剛聽了游老師的課，我更加堅定了自己的信念，但我一直以來都對宗教和信仰有所追求。科學讓我們學會了懷疑，因為現代科學讓我們對任何事情都持懷疑態度。

剛剛張教授講到了拜神的道理，但我們到

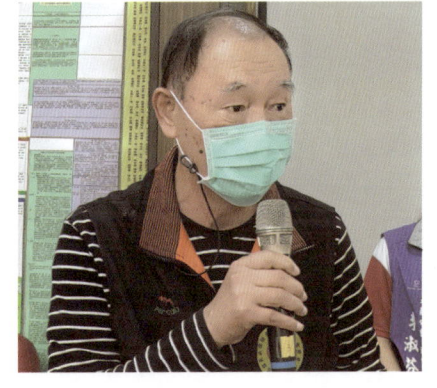

底信仰的是什麼？你拜媽祖，為什麼要拜媽祖？你拜關公，為什麼要拜祂？當然是信仰祂的精神。所以我一直覺得，神給我們的是神的意識？還是我們自己的心意識？神意識和心意識之間應該如何區分？這是一個非常值得我們探討的問題。請張教授給我一個解答，謝謝。

張家麟教授：宗教到底是讓我們相信還是讓我們懷疑？科學是讓我們相信還是讓我們懷疑？大家怎麼看？比如，從高處掉落的東西，到底是科學還是宗教？當然是科學，這已經是常識了。我有個想法，就是把宗教的知識變成常識。

我們拜關帝，為什麼拜關帝？最主要是因為祂的五常德。我們拜佛祖，為什麼拜佛祖？到了三寶佛大雄寶殿，不是求發財，而是求覺悟。這都是確信。

在天赦日關起門來共同反思民間宗教的走向

我們祭拜神明，就要理解祂們值得我們敬拜的原因。比如，今天是天赦日，意思是天公要赦免我們的罪過。但是，你要先自己懺悔。所以，天赦日有一個重要的道理，就是我們要先自我反省，才能懇求上蒼赦免我們的罪過。。

天赦日有句諺語：

春赦戊寅夏甲午。戊申赦日喜秋逢。三冬甲子甚為吉。百事遇禍反為福。

天赦日來做懺悔科儀，就是修行。在上蒼面前，我們修道者要保持謙虛的態

度,自稱「蟻民」。我們每個人都有犯過錯,透過天赦日的懺悔科儀,讓祖靈和冤靈都能得到解脫,我們自己也能獲得祝福。接下來,請教尊為我們做結語。

宗教論證須引經據典

玄興教尊:我只有一個願望,就是希望宗教能夠傳承下去;宗教不應該似是而非、偏激,也不應該過度虛妄、裝神弄鬼。因此,希望大家能夠真正理解宗教的內涵。

我們最大的悲哀在於,終身信仰佛光彩的家宅神及公媽,卻在逝世時將其以紅紙包裹,並宣稱這是民間信仰的習俗。我們供奉了這麼久的神明,卻在最後將其封存,這正是我們需要關門思過的議題。

游朱義導師:跟大家分享一下我的人生經歷。我從小到大一直都很順利,但我也一直思考一些人生的終極問題:人從哪裡來?人死後會去哪裡?神到底是真是假?還是只是騙人的把戲?這些問題困擾了人類 2600 多年。直到 1600 年前,最聰明和最有智慧的人才終於聚在一起,討論這些問題並找到答案。他們的答案都寫在了一本書裡,叫做《彌蘭王問經》。如果你讀了這本經典,你就會找到你一直在尋找的答案。

在修行這條路上,我遇到了一個最難回答的問題。我問尊者:人死後有沒有靈魂?他說沒有。我又問:人死後會投胎轉世嗎?他說會。我接著問:既然沒有靈魂,那怎麼會投胎轉世呢?他問了我最後一個問題,終於讓我找到了答案。

有些人認為,如果佛會來接受供養,就說明祂有貪念,不值得尊重。如果佛不來接受供養,就說明祂已經不存在了,也不值得拜。因此,他們認為拜佛沒有

共同到玄門山論證當代宗教困境，共同攜手邁向大道

意義。我認為，這是難以回答的問題。

《彌蘭王問經》裡的300多個問題。你能把經典看透徹，自己就能找到答案。我不信一貫道、天主教，我是基督教伊甸基金會8年的顧問，由於我沒有受洗，他們天天找我受洗。我說了，你要是能回答我一個問題，我就受洗。到目前為止，沒有一個基督徒能說服我。我的意思就是，你得拿出證據來支持你的說法，別光跟我說你的經歷。每個人都有自己的經歷，要避

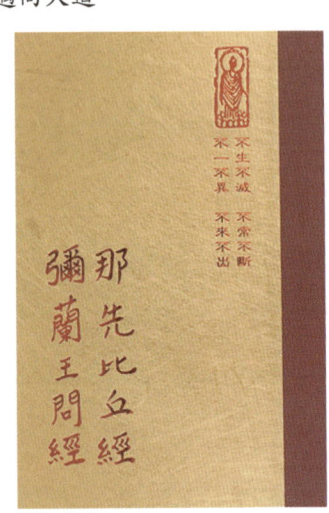

免這個世界爭論不休,就得拿出經書和證據說話。比如說,你說現在是玄靈高上帝掌管著天盤,請問根據什麼?

待續

張家麟教授:謝謝游導師,他提出了一些問題,可能會引起宗教間的衝突跟戰爭,我們第二場再來討論。今天會議有4個主持人,我們請龔教授再為我們講兩句話。

龔昶元教授:宗教是一種信仰,正如剛才提到的,既然是信仰,我們就需要找到信仰的依據。如果你說的話我信了,那麼信仰建立在哪裡?從企業或管理的角度來看,信仰是一種專業。

總而言之,根據大家的意見,我們要讓人們相信的信仰,就必須是專業的。張教授講了一些道理,即是一種專業知識。因為,他經過研究歸納出來的原理,所以我想很多議題也就有合理的解答。

我們希望:根據大家的提問,經過深思熟慮後進行書寫。之後,我們會請人進行研究,引經據典,提出專業性的論述。這樣一來,既可以提供給大家參考,也有助於大家更加清楚自己信仰的宗教脈絡,從而建立宗教專業。

張家麟教授:謝謝龔教授,今天這場會議很有意義,希望我們中華民族的宗教能夠更加系統化、精緻化。也希望未來的四場會議能夠繼續深入探討!讓我們用掌聲感謝玄門真宗教尊,感謝關聖帝君和我們的所有神明!

Part2
宮廟條件・化解困境

淨飯天地圓融初　　瀞漱凡塵返本性

Part 2-1 宮廟寺院的基本條件與困境：名家點評
2-1-1 宮廟寺院的硬體規劃
堅持藝術：還給寺廟原來之美
淡江大學教授　張家麟

花壇玄門山神桌頗具神聖性

如果您問我，各宗教寺廟宮堂的外在硬體，最糟糕的規劃是什麼？

我會回答「多此一舉」的人造「加工物」。

就像大樓住家加蓋「鐵窗」，頂樓增建「鐵皮屋頂」，一樣的醜陋。各寺廟宮堂執事，常加蓋一些「毫無美感」的物件。我不禁要問，為何花幾千萬、幾億大錢蓋漂亮的廟宇，卻又再花幾十萬、幾百萬小錢，將廟的美景破壞殆盡？

且隨我拜訪宮廟，從廟埕走入內殿，逐一檢視、說明。

最離譜的是，不少廟宇在外埕的「違建」。

廟方為了增加廟宇外延祭祀空間，在原本空曠見天日的廟埕廣場，搭建完全

不搭配的「壓克力採光罩」。如此一來，既完全擋住了漂亮的寺廟外觀，也破壞了廟宇西施脊、垂脊上華麗的天際線。頓時，污染了整體寺廟美學。

　　來到了三川殿下，龍入、虎出兩門口附近。

　　偶而亦會見到廟方，用「不鏽鋼柵欄」將殿下漂亮的龍柱，圈起圍困。也有執事為了保護左右牆堵上的藝術，用「壓克力板」罩上「青龍」及「白虎」兩神的彩繪、石雕或交趾陶。

　　進入神殿，來到天井處。

　　本來是透天、採光、透氣、聚水納財的「中霤」。也常被執事用「採光罩」遮掩。在此，固然增加了室內拜殿空間，但也破壞了仰望主殿天際線，更別說阻礙了光、空氣、雨水的流通。

　　再往前，進入內殿。

　　令我難過的是用「玻璃窗」，鑲嵌在神龕外緣。看似在保護神像；實質上，降低了神聖性，也阻隔了人與神間的凝視、祈求、交流。相對的，基督宗教的教堂，

龍堵與虎堵不加壓克力板，可看性甚高

會如此對待十字架、耶穌及聖母瑪利亞。

　　最後，再看「五供桌」。

　　它擺放在神龕前，有耳朵的「長案」。本來只是置放一個香爐、兩隻燭台、兩只花瓶，用來焚壇香、點紅燭、插瓶花供奉神，稱為「五供桌」。如果，用錫製成這五個器皿，此桌又可稱為「五錫桌」。

　　可惜的是，各寺廟執事常在神聖的供桌上，除了「五供」之外，再擺上諸多的「神像、供品」，擠滿了整個案桌。如此一來，此桌不再是五供桌，而是雜亂無章的神桌。

　　我真想與有識之士、關心寺廟建築美學的執事，共同發起一去除寺廟「違建」運動。

　　一起淨化或拒絕「多此一舉」的人造「加工物」。還原寺廟本來漂亮的真實面目，也還給眾神所居的清淨空間。讓寺廟建築成為一座既神聖，且具美感的藝術神殿。

孔廟五供桌神聖性強

台灣寺廟建築的變與不變

鹿港文史工作室主持人 陳仕賢

鹿港龍山寺甚為古樸，為本地代表性的寺廟建築

1. 清代台灣廟宇

　　台灣寺廟建築精彩且多元，建築型式源自閩南與潮汕建築風格，其中以閩南為主。由於台灣是移民社會，建材大多來自原鄉，如福州杉、泉州白石或青斗石、紅磚等。目前台灣保存180年前的古建築不多，有道光10年（1830）的鹿港龍山寺、彰化孔廟等。此時的建築為木結構棟架，建築立面多為木構件，石材多用於石鼓、石箱，或部份石柱、龍柱等。

　　1848年彰化發生大地震，造成彰化及鹿港地區廟宇受損，重修之際，來了一批泉州晉水一經堂的交趾陶匠師，參與此次重修工程。其作品有鹿港龍山寺、鳳山寺等，目前仍保存完整。其後，一經堂蔡騰迎匠師受邀，參與神岡筱雲山莊、社口大夫第、摘星山莊等民居。

修復台北保安宮的左右兩廂鐘鼓樓，維持原有樣式

2. 日據時期台灣廟宇建築

1906 年嘉義發生大地震，造成嘉義地區房舍、廟宇嚴重受損。1908 年至 1912 年北港朝天宮、新港奉天宮發起重建，當時由台灣本土大木匠師陳應彬（北港朝天宮）、吳海同（新港奉天宮）設計並重建廟宇。此時，也吸引泉州惠安石匠來臺，留下精彩的石雕作品。

鹿港天后宮增建鐘鼓樓

從 1908 年至 1937 年，在這近 30 年間，台灣許多重要的廟宇，都將舊廟拆除重建。1919 年，來自泉州的大木匠師王益順，受聘參與萬華龍山寺、北門南鯤鯓、新竹城隍廟、台北孔廟等廟宇，其族侄王樹發與王錦木參與鹿港天后宮、彰化南瑤宮、嘉義城隍廟等興建。王益順並帶來惠安石匠、交趾陶匠師來台，承襲閩南建築的風格，為台灣留下精彩的廟宇建築。

這時期的廟宇建築，大量使用石雕做為廟宇立面的雕刻，有別於清代木製立面的作法。而當時福建最好的青斗石、泉州白石被大量使用，廟宇正門立面以青白石相間的布置，是此時廟宇建築的特色。而萬華龍山寺、大龍峒保安宮出現了鐘鼓樓的建築，成為 50 年代廟宇重修時，效仿的建築元素。

3. 戰後台灣的廟宇建築

　　日治時期因皇民化運動，許多廟宇被迫拆除，如善化慶安宮、雲林東勢賜安宮等。因此，在民國 35 年陸續重建，至民國 38 年工程遇舊台幣換新台幣，造成物價波動，影響廟宇工程。至民國 48 年媽祖誕辰一千周年後，民國 50 年代，台灣興起廟宇重修的風氣，此時以增建鐘鼓樓為主，如鹿港天后宮、北港朝天宮、新港奉天宮等。

　　60 年代鹿港龍山寺曾邀請漢寶德先生，為龍山寺設計鐘鼓樓，漢先生認為文化資產的保存，不應新增建鐘鼓樓，並說服管理委員會。鹿港龍山寺在民國 72 年指定為國家第一級古蹟（今國定古蹟），由漢先生主持修復，並將早年新增的九龍池、洗手台予以拆除，還給古蹟應有的風貌。

　　民國 50、60 年代，台灣寺廟又興起重建的風氣，陸續將舊廟拆除新建，並使用鋼筋混凝土水泥建築為主，但廟宇的型式，仍是仿木結構樣式。在使用的營建工具，也採現代化的器具，如石雕工程，改以電動工具雕刻，其雕工速度快，但

北港朝天宮龍柱用鐵籠保護，少了點美感

所呈現出來的作品,不若早期石雕的溫潤雅緻。

4. 廟宇建築在文資保護時的「減法」

　　文化資產的保存是「減法」,而非「加法」。將廟宇新設的設施,移除於建築空間,還寺廟清新的環境。如台灣廟宇的龍柱,外觀都加了鐵籠,此種作法雖可追溯至日治時期北港朝天宮與彰化南瑤宮。因為這時期的石雕龍柱多為鏤空雕刻,其石材的斷面容易因碰撞而受損,於是龍柱外觀加了鐵籠,做為保護。這也是為何台灣寺廟的龍柱多加了鐵籠的原因,雖然與傳統寺廟格格不入,但也是不得不的做法。

　　隨著廟宇的空間使用及拜拜的人潮增多,60年代的廟宇,在正殿及三川殿之間的天井增設了鋼棚架,做為信士們祭祀的空間。此舉讓原本巍峨的廟宇建築,被鋼棚架遮蔽。如早年的臺南北門南鯤鯓、臺北保安宮、彰化南瑤宮等。近年在文化資產保存的參與下,這些廟宇陸續拆除鋼棚,恢復宏偉的建築。唯部份廟宇,近年在天井上方增設電動天窗,隨著天氣而開關,形成特殊的現象。

　　70年代三峽祖師廟三川殿石窗與八仙人物石雕,是名師蔣銀牆的作品。廟

彰化南瑤宮內埕設採光罩,遮住正殿漂亮的天際線

方怕被破壞，原本計畫將三川殿石雕，全部以壓克力保護起來，此計畫引起民眾的關注而做罷，否則，很難想像一座被壓克力包覆的廟宇會是如何？最後，還好僅以正門兩旁的石雕，施做壓克力保護措施。

80年代台灣的廟宇營建，石雕工作已漸式微，石雕大都從福建泉州惠安進口，再由台灣師傅組裝。由於兩岸的文化差異，常出現令人奇怪的用字，如司馬光破"肛"（正確應為缸），在台灣廟宇主事者不察的情況下，出現在台灣的廟宇裝飾上。

90年代台灣許多廟宇，都在三川殿外增設跑馬燈，做為廟方對外

廟宇三川殿增設跑馬燈降低寺廟的美感

的公告板，這種跑馬燈最為氾濫，幾乎眾多著名的廟宇都裝設，顯然與莊嚴肅穆的廟宇，特別唐突。

5. 結論

近年，台灣重視傳統建築技術的保存與傳承，積極培育古蹟修復專業人才，不論是大木或彩繪，培育成果豐碩。然而，廟宇事務多由管理委員會主導，廟方委員對文化資產保存觀念，普遍需要加強，尤其是環境因子（如拜拜的香煙）對文物的影響；或管理者欲拆除舊廟，改建新廟等。

台灣的廟宇建築是民間藝術的殿堂，結合了大木、木雕、石雕、彩繪、剪黏、交趾陶，及至在地書法家的作品，如何委善保存？是當今重要的課題。

神聖或世俗：扶鸞空間的安排

淡江大學教授 張家麟

扶鸞必須在肅靜的空間，神聖性油然而生

不容否認的是扶鸞空間的安排，不可忽略「神聖性」；它將是吸睛的焦點！

空間整齊乾淨，鸞台、鸞筆、香爐擺放，井然有序，為基本條件。

首先，必須要將吵雜的空間「肅靜」；能在安靜無聲的空間扶鸞，「神聖性」自然而生。

扶鸞無需行法教的「安五營」、道教的「安五方」之儀。部分鸞堂則

鸞手虔誠神情肅穆，有助於神聖性提升

是由鸞生集體誦〈神咒〉、〈經篇〉安靜自己心靈；也有鸞堂鸞生個別課誦〈寶誥〉、「化符」，請神、準備扶鸞。

再以玄門真宗為例：它在敲32鐘、72鼓的過程中，由第一名法師捧香爐，

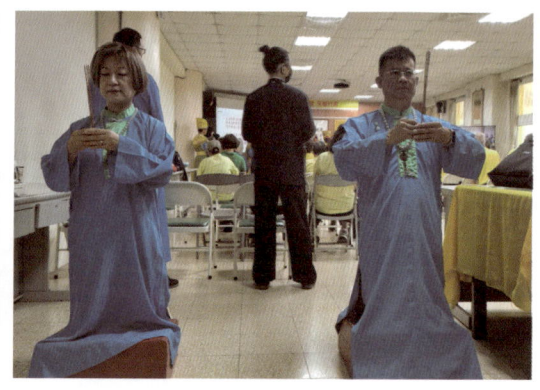

鸞手降筆、鸞生迎送神，有助於神聖性

另一名法師持水杯灑淨，第三名法師捧道衣。帶領鸞生由內殿走到門口迎神入內。整個流程使空間安靜下來，趨向「神聖化」。

其次，鸞生的「心理虔誠、神情肅穆」，有助提升扶鸞空間的「神聖性」。

此扶鸞空間是人、神互動，天人合一的空間。唯有參與的鸞手、鸞生，穿上整齊乾淨的道衣，依序排班，乾坤分列。個個誠惶誠恐之虔誠心，面目表情肅然、肢體語言端莊，恭敬迎神。此時，空間因人而「神聖化」。

第三，扶鸞與宣講，也有強化空間的「神聖感」。

鸞手扶鸞初起，通神當下，閉目凝神。一舉手、一跺腳、一打嗝，開始當神的接收媒介。他是三才之首，神的代言，氣勢非凡。扶出文字，立即由唱生大聲說出，記錄生記下。送、迎生，挺身跪在門口送往迎來眾神。

部分鸞堂在詩文告一段落，立即由宣講生詮釋神的話語。全場鴉雀無聲，唯有宣講生「代天宣化」。其他鸞生，或立、或跪、或盤坐，聆聽恩主或列聖仙佛的教誨。此時，空間因正鸞手飛鸞降筆、唱生唱文、宣講生宣讀解釋，再次躍升「神聖化」。

最後，扶鸞結束，切忌草草結束。

神附體於鸞手，神明欲退駕，應該有一象徵之儀。退駕後，鸞生可集體讚誦〈寶誥〉、〈經文〉、〈神咒〉。也可唱誦〈迴向文〉，謝神、圓滿，並將此功德迴向給家人、鸞生、眾生。或許，這些作為皆有助於「神聖化」扶鸞空間。

2-1-2 選擇合適的經典

選宮廟主神的經典

台灣宗教與社會協會

證嚴法師以《法華經》、《無量義經》、《論語》為主要經典（經典如右上頁）

誦「經」、拜「懺」為修己度人之方，亦是利益眾生之門。

在宮廟寺院道場站起的執事、領袖、教尊，不可無經；修行的信徒、誦經生、沐恩鸞下生、法師、鸞手，更不能一日不讀經，也不可須臾片刻離經；作出離經、叛道的行徑。

依據什麼經典而立廟？是宮廟頭人必須要思考的問題。以慈濟為例，證嚴法師以《法華經》、《無量義經》、《論語》，立教、宣教、開出一片福田。而您呢？

有些主委授權給住持教經，誦經團選擇經典來課誦。有些領袖自己來教經、教門生課誦。有些寺廟宮堂，則由駐宮道士負責；有些鸞堂，則由鸞手或鸞生負責。

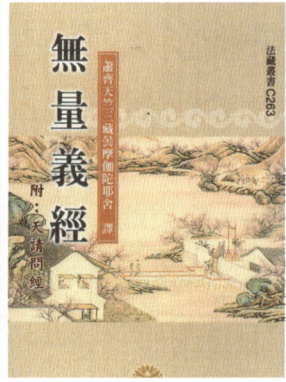

在我看來，這只是由誰負責課誦、教經；對宮廟寺院仍有向上提升、發展的空間。有下列幾個面項，可以考慮採行：

1. 選擇與主神有關的「經懺」來課誦 - 例如五聖、三聖恩主廟，適合擇《列聖寶經》、《諸尊寶經合冊》、《玉樞涵三妙經》等。媽祖廟，適合擇《天后經》。大道公廟，適合擇用《大道真經》。母娘廟，適合選擇《瑤池金母收圓普度定慧真經》。依此類推，玄門真宗以「玄靈高玉皇大天尊」為主神。該教派捨關公未成玉帝之《桃園明聖經》，寧可選擇祂成為玉皇大帝的《玉皇普度聖經》、《玉皇普度尊經》，作為代表性的經典，是頗為合理的安排。

2. 團體課誦的能量，強過個人課誦 - 傳統鸞堂，將個人課誦視為修行及功德。有「誦經者，功德 7 分；跟拜者，功德 2 分；聞經者，功德 1 分之說」。但是，

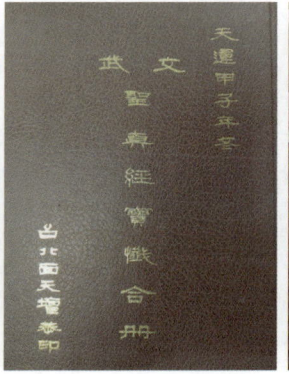

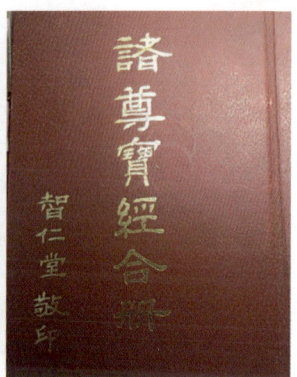

恩主公信仰以上述經典為主

就個人課誦與團體課誦的能量相比，後者強過前者。

3. 培養誦經團課誦，勝過無誦經團 - 各「宮廟寺院堂」如無誦經團課誦經懺，整個神殿空空洞洞，神聖性低落。相反的，在平時初一、十五例日；在年度的神明聖誕、禮斗法會、重大節慶等時節，皆有經團課誦，勝過無人誦經。

4. 人聲課誦，勝過放錄音帶 - 一間宮廟寺院、道場，只放誦經錄音帶，其執事不但失職，也沒有品味。尤其放藏傳佛教〈大悲咒〉、〈金剛經〉、〈心經〉等音樂，更是離譜。唯有人聲唱誦經懺，宮廟寺院、道場的神聖感得以升高。

5. 擇三教課誦之方法，引入本宮廟堂之經團 - 華人民間宗教「宮廟寺院、道場」，具融合儒、道、釋三教之特色。因此，執事、領袖應該慎選、引進三教課誦之方，從中選擇、判定，合理的唱法、經懺，作為本宮廟堂的課誦範例。

如果以鸞堂為例，用河洛語、清唱、團誦，作早晚課、聖誕、扶鸞、禮斗之用，是鸞生修行之法門，也應該是正確的抉擇。

綜合以上五點，可以化約成一命題：「有經典、有誦經，才有修行，也才具神聖性。」

這是民間宗教「宮廟寺院、道場」的基本條件之一。如果沒有經懺者，應立即改變，擇 1-2 本作為主要經典。已有經懺者，但非與主神相關，當然也應該作合理的調整。且讓我們一起誦經，淨化心靈，弘揚神聖之道！

五恩主信仰者以課誦《列聖寶經》為主

2-1-3 宗教認同與歸依

宗教的修行與認同

台灣宗教與社會協會

玄門真宗門生皈依在道、經、師座下

皈依（sarana）是指人在宗教中，「身、心、靈」得到了庇護。依此，您身為民間宗教「宮廟寺院、道場」的信徒，皈依了誰？安頓好您的「身、心、靈」嗎？

如果問佛教徒，他會回答：已經皈依到「佛、法、僧」之下，又稱為「三皈依」（Tisarana）。

此時，必須守五戒。引申為：「自皈依佛，當願眾生，體解大道，發無上心。自皈依法，當願眾生，深入經藏，智慧如海。自皈依僧，當願眾生，統理大眾，一切無礙。」

道教受佛教影響，也有類似「三皈依」之說。

把皈依「佛、法、僧」，改變為皈依「道、經、師」，作引申、套用、擴大、接軌。說成：「志心皈命禮，皈依太上無極大道，無上道寶，當願眾生，常侍天尊，

永脫輪迴。志心皈命禮，皈依三十六部尊經，無上經寶，當願眾生，生生世世，得聞正法。志心皈命禮，即皈依玄中大法師，無上師寶，當願眾生，學最上乘，不落邪見」

由佛之三寶，入道門後，轉化為道之三寶。我們在人生旅途中，會面臨生、老、病、死之情境；也會有「苦、集、滅、道」的生命歷程。講到這裡，要問自己：

我要皈依什麼「神」？在民間宗教的多神信仰中，找一尊「神」，仰賴祂庇護我，談何容易。不像多神論的「佛」與「道」，也不像一神論的「耶和華」、「阿拉」那麼聚焦。

因此，不妨從自己宮廟道場的主神得到依靠。學習祂的精神、典範，作為自己行為的依據、準則。如此，就容易從表面的信仰膜拜，昇華成心靈的道德認同，成為修行度人的動力。

那本「經」可以慰藉？在民間宗教的多經信仰中，要找一本「經」，作為自己的庇護所，也不簡單。他（她）們不像基督徒以《聖經》，穆斯林以《古蘭經》，

伊斯蘭、基督與佛教各有教主及經典（左起，翻攝網路）

作為安身立命，待人處世的判準。

我以為：可以根據「宮廟寺院」的主神，追尋探索好的經懺，作為眾生的庇護所。舉例來說：信仰三官大帝，可用《三官懺》；崇拜太上老君，可選《道德經》、《清淨經》、《太上感應篇》；敬拜關帝可擇《桃園明聖經》、《玉皇普度聖經》、《玉皇普度尊經》；奉祀恩主公，可選《列聖寶經》。

玄門真宗為修士辦理皈依、授證、登階大典

最後，如何在人世間，尋求一個「宗教師」，幫我解惑？

在制度性宗教，容易尋得；反之，身處擴散性的民間宗教，優質的「宗教師」一師難求。

在天主教的神父、基督教的牧師、伊斯蘭教的教長、佛教的比丘或比丘尼，皆屬飽學經典的神職人員。唯獨道教的道士、民間宗教的神職，多數只會演科，不懂「講經論道」，更別說弘法、利益眾生了！

事實上，沒有皈依，就沒有戒律，也不會有修行。當有皈依「道經師」或「佛法僧」等三寶後，師、僧才是最重要的關鍵人物。因為，他們是神的代言人，經典的演繹者，足以引導信徒走上修行之大道。

因此，皈依一名好師父，是人生一大樂事；反之，碰到惡師，奉勸您要早點退避三舍！

皈依修行・自我提升

台灣大學博士 謝政修

宗喀巴大師書寫《菩提道次第廣論》，論述皈依

　　「皈依」就字面上解釋，是皈投與依靠的意思，就這個層面而言，「皈依」一詞便不是佛教的專門術語。

　　然而，若要論「皈依」的內涵，其實可以從幾個層面進行論述，此部分，將參考復興西藏佛法一代祖師：宗喀巴大師撰寫的《菩提道次第廣論》為依據。《菩提道次第廣論》是根據阿底峽尊者《菩提道炬論》為藍本而撰寫，內容是以三士道為次第，論述顯教佛法的修行次第。

　　根據《菩提道次第廣論》對於皈依的論述，有四個步驟：

1. 由依何事為皈依因：簡單而言，就是明白自己因為何事選擇皈依。此步驟是要釐清自己皈投依靠的理由，並且思考自己為何如此選擇，而非迷信。

2. 由依彼故所皈之境：是指正確了解皈依對象的內涵，以及理解為何選擇這個對象做為自身的依靠。此部分是要強調信仰者對於信仰的對象應當有正確的認識，是真正確切思考，信仰對象（或宗教）與自身宗教修行的議題之間的關係。

3. 由何道理而正皈依：是指皈依的時候，如何端正自己的內在與意念，正確依照相關的規定、儀軌或儀式，正確的完成皈依。

4. 既皈依已學行次第：皈依之後，要如何正確的學習，發揮皈依的意義。

根據《菩提道次第廣論》的論述，可以知道「皈依」是有其次第，每一個次第都有其對應的內涵。因此，若能深刻檢視，皈依就不會只是流於一種形式或迷信，而是能真正對於每一位宮廟寺院的神職人員，或是信徒產生實質的作用。

對於宮廟的神職人員而言，皈依能時時檢視自身的信仰與初衷，在佈道時，能更有系統、邏輯的去傳達自身信仰深刻的含義與理念，以理服人。此外，皈依也能端正信仰者內心的意念，對於宮廟寺院的管理上，以及向心力的凝聚上也能發揮作用。在推動佈道相關的活動必定會與世俗社會接軌，若皈依心力深刻，在聖事與俗務的切換上，也能發揮出穩定的力量。

站在信徒的立場，正確的皈依當然也十分重要。皈依其實就是辨明自己信仰的初衷與動力，若能思辨與抉擇清晰，才能確切知曉自身信仰之意義。就經營而言，信徒皈依的心力若具足，也能更積極投身、護持寺院宮廟相關的運作與活動。

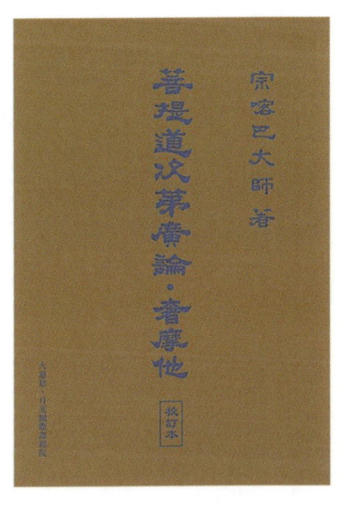

宮廟寺院道場的管理模式

台灣宗教與社會協會

大甲鎮瀾宮媽祖分靈到豐原的神明會，轉型為「鎮清宮」

　　以前農業社會，民間宗教的宮、廟、寺院的管理，相當簡單；現在工業、後工業社會，它們的管理趨向幾個模式。

　　清領時期，官方未介入宮、廟、寺院的管理。到了日據時代，政府採取寺廟登記制，宮、廟、寺院有了「管理人」。不過，此時的管理人，常是在地鄉紳階級的代表。他也不入廟常駐，只是形式上的領袖。

　　回到現實，農業社會的民間宗教地方寺廟，其組織由一個庄頭、數個庄頭、十來個庄頭，甚至數十個庄頭組成的「祭祀圈」。它是最重要的寺廟「外部組織」，也是「祭祀組織」，更是一

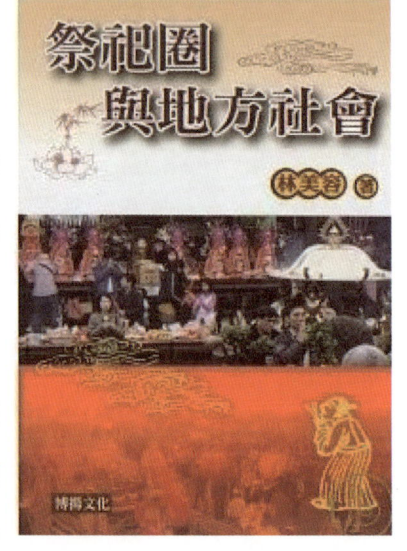

林美容發展祭祀圈理論（翻攝網路）

個任務型的「臨時組織」。

它的成員不住在廟中，廟是神明住所。也非例行、常態組織，只有在寺廟有重大活動時，它就自動出現。

常由鄉紳、士紳、街紳擔任頭人，選出正、副爐主、頭家，再由頭家負責向圈內的庄民，挨家挨戶收「丁口錢」，不足額由頭人捐「緣金」。祭祀圈內庄民出錢、出力，共同承擔「修、建廟」、「宗教儀式」、「慶典廟會」所須之費用及人力資源。它既是宗教信仰組織，也是宗教經濟、社會組織。

到國府時代，沿續日本政府介入「宮廟寺院」的管理制度。不再承認神明會、祭祀圈的法定地位；只給「管理人」、「管理委員會」、「寺廟財團法人」三種合法管理模式。也同意讓它們的「現金資產」及「人力資源」，自主性的分別成立「財團法人」、「社團法人」兩類型的管理模式。

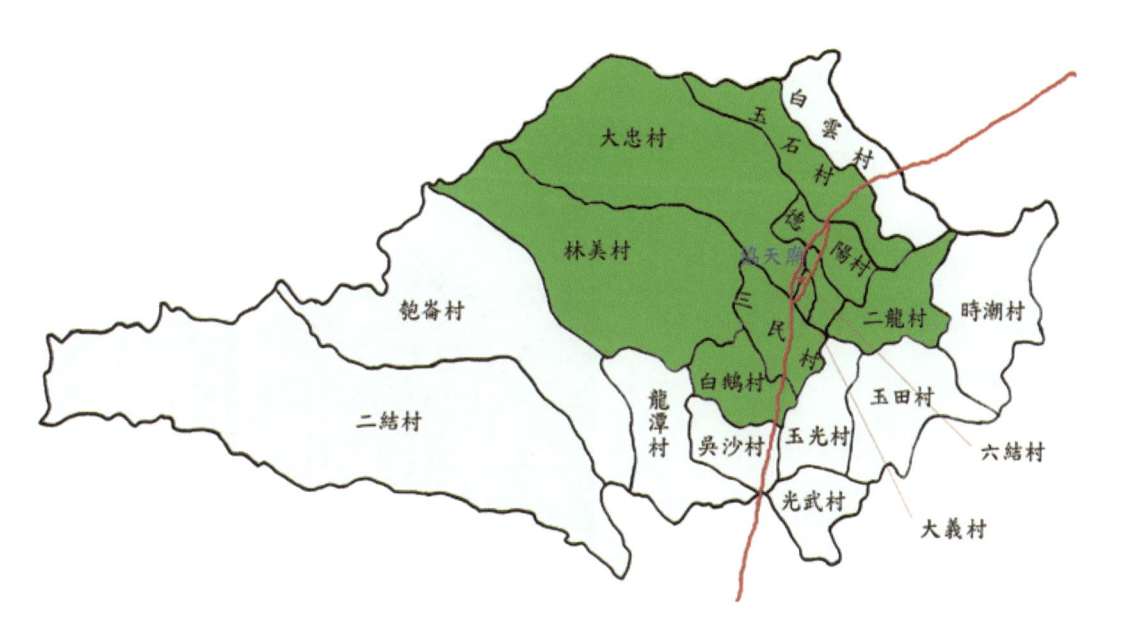

上圖綠色部分為宜蘭礁溪協天廟八庄祭祀圈範圍

對於「管理人」、「管理委員會」、「寺廟財團法人」三種合法管理模式，政府同意由各宗教的「宮廟寺院」領袖，依其宗教傳統，在三種模式中擇一，向政府依法申請設置管理組織。

此際，懂法令的地方人士，就陸續設立「管理人制」、「管理委員會制」、「寺廟財團法人制」，成為寺廟領袖；神職人員常為其麾下。傳統的祭祀圈、神明會，部分融入管理組織；甚至被廟內組織所控制、取代。部分在現代社會的衝擊，人口快速流動下，相形萎縮。

佛、耶兩教，由於其領袖依魅力或依宗教傳統而生，大部分成立「寺廟財團法人」。如有大筆資金者，尚且設置各類名目的「財團法人」，由其宗教領袖掛名董事長，核心幹部、神職人員組成董事會。外人或外部勢力，很難覬覦其廟產和資金。

新興的宮廟或道場，如果其神職領袖魅力強、聲望高，他尚可由帶領門生、信徒成立「神聖與世俗合一」的管理組織。無論是「寺廟財團法人」或是「管理人制」、「管理委員

中壢圓光禪寺由釋性尚帶領僧團管理佛寺

台中萬和宮為財團法人組織（左）；
彰化埤頭合興宮為管理委員會組織（右）

台中樂成宮旱溪媽祭祀圈涵蓋十八庄

會制」，皆是由其及核心幹部掌握組織機器，由其決策，沒有異議。

相反的，當宮廟或道場出現俗家弟子掌握管理組織；而且，遇及神職領袖聲望、能力弱化時；後者只能受管理組織支配。尤其當兩造意見不合，擁有管理組織世俗領袖，就可能驅逐神職領袖。

言至此，宮廟寺院道場的管理模式，何者為優，已很清楚。制度性強的佛、耶兩教，其神職人員掌握組織，具領導俗家弟子、信徒之能力。而擴散性強的民間宗教，其神職人員與俗家弟子領袖，常見相互角力的情形。

除非，神職領袖具弘法、募款、招募信徒能力強，其建立新興道場，就可以由他擔任組織領袖。此時，神職領袖與組織領袖合而為一，決策效能較高；也比較不會陷入神、人之間的人事傾軋！

宮廟制度化的管理與經營

台灣宗教與社會協會

司徒達賢著《非營利組織的經營管理》具重大影響力（翻攝網路）

宮廟寺院道場如何作制度化的管理與經營？是個大問題，也是門大學問！

這牽涉到神職人員與俗家弟子的「神人分工」、「寺廟想要達成的使命」、「新生代傳承」、「宗廟制度化的管理效率」、「永續經營發展的瓶頸」及「精進突破之道」等諸多問題。

對「神人如何分工」？我以為應該是「決策核心」(decision core)歸屬問題。

到底宮廟寺院的組織系統，如何分立；歸誰作最終決策。一般言，佛、耶兩教比較接近神職人員領導世俗弟子。比丘或比丘尼法師、牧師、神父，擁有決策權。

反之，民間宗教、道教比較接近世俗鄉紳領導。無論是以寺廟為主體，成立的「管理人制」、「管理委員會制」、「寺廟財團法人制」，或是以固定資金向法院登記、主管機關立案的「財團法人制」，亦或是以人員為集合體的「社團法人制」。世俗鄉紳擁有決策權，神職人員常為其隸屬。

而這兩類「決策核心」，各有其傳統。第一種是屬「制度性宗教」，其修行、教誨色彩較為濃厚，多作利益眾生之舉。第二種是屬「擴散性宗教」，少言修行、

教誨,世俗色彩較為濃厚。多作人、神利益交換的個人、家庭「功利主義」之行。

再者,「寺廟想要達成的使命」,我以為應該是「決策及目標設定」(decision making & set goals)歸屬問題。

宮廟寺院、道場既是「宗教場所」,也是「決策有機體」。其領袖、頭人、教尊需與決策核心人員,依自己宗教的價值理念、傳統,「謀之於眾、斷之於獨」,設定短、中、長期目標或使命。

宮廟寺院、道場執事,應設定短期目標:辦理年度、每季、月、週、日的活動。中期目標:以規劃 3-5 年度的計劃,包含信徒人數、善款、善行的增長。長期目標:則要設計跨 2-5 個以上的中期目標,包含教化、慈善、醫療、環保、福利等,做為奮鬥的方向。

第三,對於「新生代如何傳承」?我以為應該是司徒達顯的 CORPS 中的 P。它為 Participant,是指志工(凡)與專職人員(聖)的管理。

在 21 世紀,全球各主要宗教萎縮,面臨「宗教世俗化」的困境。它是指宗教影響力降低,導致信徒、志工、職工、神職人員「短缺」、「老化」、「捐獻減少」,而這也是華人民間宗教及道教各宮廟寺院、道場,都得謹慎面對的共同問題。

因為,沒有人,所有的宮廟寺院、道場都成空殼。或是人員不斷老化,宮廟寺院、道場也將老成凋零。人員減少,宗教捐款也萎縮。各宮廟寺院、道場的領袖,面對此困境,都要懂得招募志工、培訓新生代神職人員及財力資源與物力資

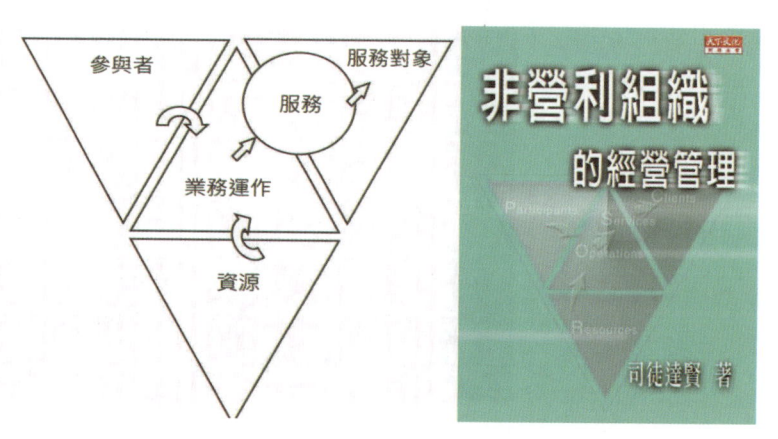

CORPS 理論適合分析宮廟組織管理(翻攝網路)

源（Resources）的徵取、運用等問題。

最後，言「寺廟制度化的管理效能」、「永續經營發展的瓶頸」及「精進突破之道」等問題。我以為這三項，皆屬宮廟寺院、道場領袖，要去處理的「追求高效能的業務發展」之議題。也是屬於宮廟寺院、道場的「組織運作」（Operation）之問題。

對此，必須要追求其「效能」（Effectiveness)與「效率」(Efficiency)。前者，重視組織目標的達成，重視結果，追求「做對的事情(doing the right thing)」。後者，強調資源的有效利用，指以最少的資源「投入」，得到最大的「產出」，也就是「把事情做好(doing the thing right)」。

各宮廟寺院、道場領袖，在設定目標後，努力、快速的完成。不僅如此，他還要知道如果要永續發展，自己的瓶頸在那裏？也要集思廣益，如何精進突破之道？

簡言之，民間宗教各宮廟寺院、道場要「重新站起」，關鍵在於「金錢」的財力資源與「人員」的物力資源（Resources）徵取、運用。有了優秀的神職人員、職工、志工，建立合適的決策，設定各階段的目標，再依財力資源，做出有效能的優質服務。

說到這裡，各宮廟寺院、道場領袖，該未雨綢繆思考、面對這些問題。才是優質的宗教，也才對得起諸天列聖仙佛！

玄門真宗培訓志工，並創立財團法人及聖鸞學院

企業管理‧寺廟傳承

台中教育大學教授 龔昶元

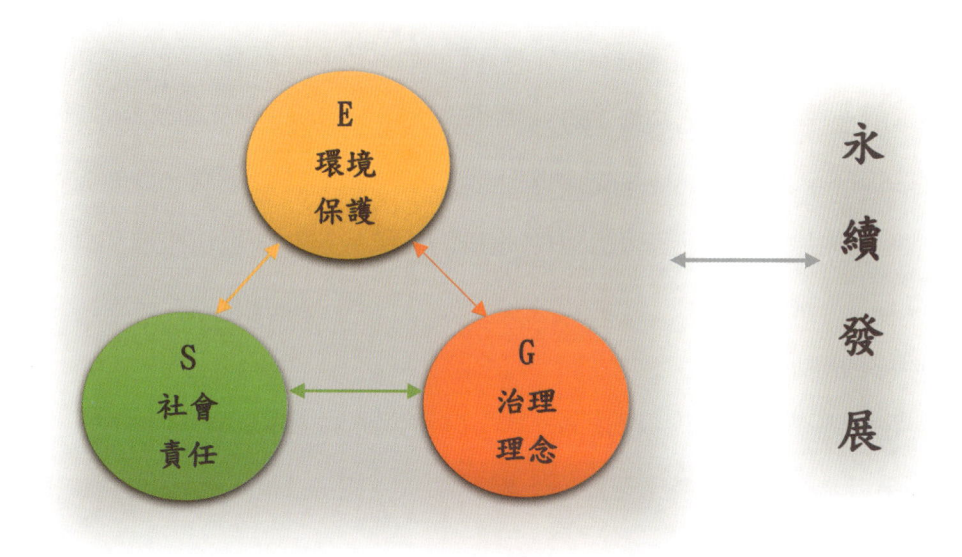

ESG 現代組織重視環境、社會責任、治理理念等三元素與永續發發展關係圖

　　以企業管理的觀點論述宮廟寺院的管理問題及如何導入有效的制度化管理。當前整個世界的產業都在關注 ESG（環境、社會責任、公司治理），其中公司治理是在談公司制度化管理對於公司的績效及永續發展的重要性，制度性管理是為了能達成企業更高的績效，使企業運作更順暢，更能符合眾多利益關係人的期望。

1. 宮廟企業管理

　　宮廟寺院管理導入企業管理方式，建立制度化做好治理工作，可以達成下列三大好處：

　　（1）宮廟寺院的管理做得好，才能為信徒大眾做更好更多的服務，贏得社會大眾的信賴，良好形象建立後，更能有效順利推動宮廟寺院各種業務，宣揚教化，募款捐獻、志工投入、擴大信徒參與等將更能取得廣大信徒的支持。

　　（2）宮廟寺院的治理制度化是代表對全體相關信眾共同期待的重視、承擔與負責，因為有制度的管理的深層意義是宮廟寺院領導執事和幹部能依照制度治理程序行事，循規蹈矩，能確保合乎倫理的行為表現顧及公眾及信徒的利益。

（3）宮廟寺院的治理做得好，有助於避免來自執行幹部群的自我投機牟利主義的傾向，避免內部不法及不當事件發生。

宮廟治理的核心價值應該建立在堅持宮廟寺院的「社會責任」（實現法律、道德、自由意志的依自己判斷奉獻選擇等責任）。至於宮廟的決策，不管是集體，或是專業管理人做主，皆各有其利弊，由於各宮廟的特性不同，跟企業一樣很難有一體適用的最適機制，這可以由各宮廟的「績效控制」目標來看如何形成較為適當的治理及制度化機制。

2. 宮廟績效控制

現在很多企業導入「平衡計分卡」（BSC）形成有效的績效控制，宮廟治理則可以參考其精神，分為策略控制、財務績效及組織文化控制三大檢驗指標，這包括：

（1）在目前治理下，決策者是否執行具有有助宮廟推動業務，能使組織長遠發展的正確策略，這雖然較傾向是主觀的標準，但委員會可以制訂一些指標原則，讓執行人員瞭解宮廟可能做什麼，或能做什麼才能有利長遠發展。

（2）宮廟財務是否健全而有績效，這是有客觀的績效標準，例如可用於推動業務活動經費有沒有增加，有無收支平衡，或盈餘等。

（3）組織文化的控制，即所做的事情是否合乎倫理行為、道德標準，是否符合本宮廟、信眾所認同的價值或神的旨意等。

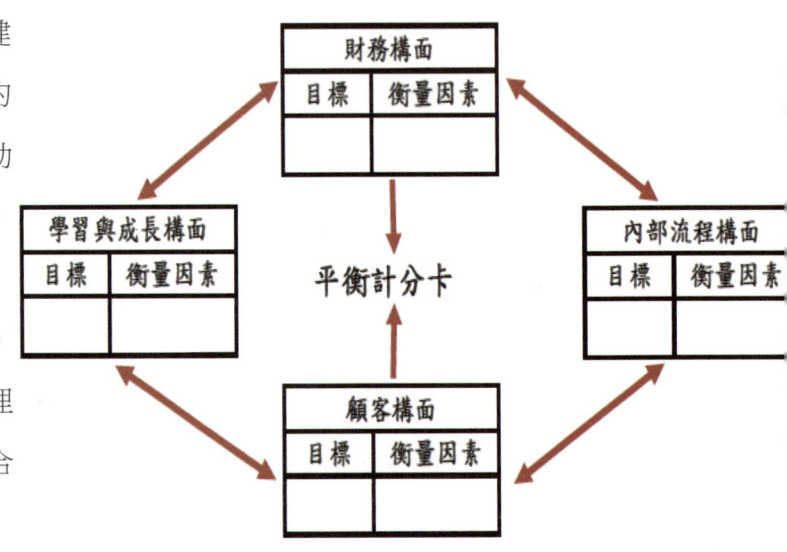

企業用平衡計分卡中的財務、流程、顧客、學習成長及願景策略管

（翻攝網路）

如上述三項控制指標皆能達成標準的要求，就是兼具效率與效能的良好治理制度典範，顯示宮廟的決策是制度化的。「效能」是正確的目標，「效率」是良好的執行率，

范揚松大力推廣平衡計分卡理論，用在范蠡經商致富學（翻攝網路）

要能有效的制度化，保持與時俱進的有效決策機制，最重要的應該是形成宮廟的治理文化，這是宏碁的創辦人一直強調公司治理文化形成的重要性，可作為宮廟治理文化的參考。主要的重點是，要有多數重要利益關係人同意的決策治理準則，不一定要有太多的規章，但一定要興利重於防弊。因為規定太多，會有「上有政策下有對策」，其次是發展宮廟視為重大的事項一定要有內部控制的機制，同時內部控制、稽核這兩項的主要負責主管，要對委員會負責。

3. 神職人員基本道德

最後，宮廟的治理，跟公司類似，「專職人員個人操守與道德」是治理的核心問題，要注意專業執行人員是否人如其言，是否實際上正確執行宮廟正神的教義意旨及對組織發展策略有利的事務上，是否符合正確的倫理行為，這才是有效治理的關鍵。

宮廟的傳承與永續發展，跟企業類似，能建立有效的管理制度才能永保「基業長青」，許多企業組織能超過百年的關鍵是因為他們能靈活的建立管理制度，執行有效率的管理，所以建立傳承的機制、標準化的作業程序管理，適當的時機進行管理的變革，組織的調整都是必要的措施，這一點，值得宮廟的百年傳承參考與學習。

文化創意・價值再創

台灣大學博士　謝政修

關於宮廟寺院的永續經營，以及新生代的加入，我覺得一個很大的關鍵，在於宮廟（寺院）所乘載的宗教文化與民俗圖像如何推廣，以及如何觸動年輕世代。

1. 文化創意

在引起新世代的興趣，以及拓展宮廟寺院經營的路線，導入文化創意的元素是一個方式，這已是許多宮廟寺院嘗試的途徑，也有不少成功且令人印象深刻的案例。將宗教元素結合日常小物的文創商品，如靈鷲山佛教教團推出《心經》紙膠帶，北港武德宮供奉的黑虎將軍以「虎爺的囝仔，好額到大漢」的概念開發童裝，也成為話題；以及蘆洲受玄宮推出「玄帝瓷杯」紀念版馬克杯。這些都是受到矚目的案例。

玄門真宗防疫平安符廣告

另外，運用網路媒介行銷，宣傳，在現代社會之中已屬常識，例如2017年，中和普天宮宣傳問事、補運、靈修等宗教資訊，在海報上搭配了清新的文案及唯美的照片，也成功引發年輕族群熱烈的討論。

文創商品結合宗教信仰的作法，主要有助於寺院宮廟現代化形象的樹立，以吸引年輕時代的注意。然而，若僅是引發興趣，在資訊量快速替換的現代社會，也難以做到傳承與紮根。

2. 價值再創

據此，根據漢寶德所撰寫《文化與文創》一書，在論述「傳統文化資產」如

何結合文創順利推展,提出了一個重要的觀點,即是「價值再創」。漢寶德認為,現今有許多傳統文化資產僅做到了「再利用」,比如在古蹟之中開設咖啡館,但這卻不是最好的辦法。因為再利用往往有可能會改變原本文化的本質,是不得已的狀況。然而「價值再創」,就是將原有的傳統價值,在現代賦予新的意義。漢寶德說明,自文創的觀點來看,「傳統」確實可以視為是一種「資源」,可分為:傳統空間文化價值的再生,傳統民間表演藝術的再生,傳統民間工藝的發展等。其中,「傳統民間表演藝術的再生」,就包含了無形文化諸多的表演形式,特別是與宗教民俗相關的音樂、舞蹈、戲劇、節慶活動等,這也是寺院宮廟可以參考的發展方向。

　　然而,「價值再創」是必須下一番工夫。漢寶德提出了必須在「學」上琢磨。「學」有兩層面的意思,一是知識,也就是創意,二是學者分析、研究功能,尤以後者相對重要。若寺院宮廟著重「價值再創」;那就必須要有研究的團隊或是管道,對各類文化性質加以分析,討論產業有可能成功的大方向。據此,傳統文化若欲發揚,以及促進新生代的承續,一大關鍵是寺院宮廟必須透過研究,建立起現代的價值與定位。

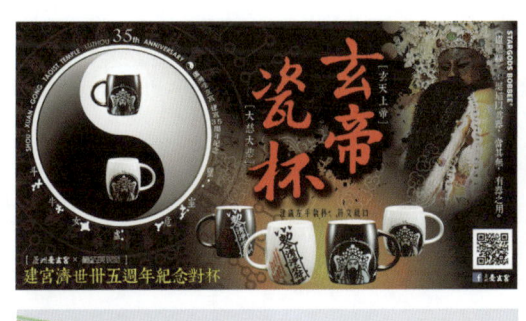

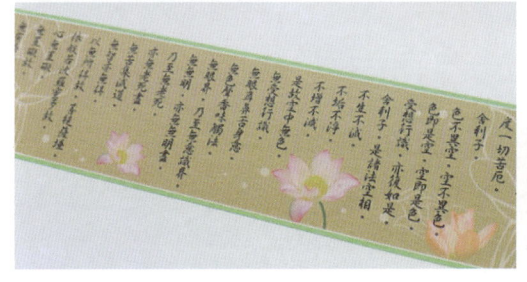

宗教文創成為當前宮廟潮流之一

Part 2-2 宮廟寺院的基本條件與困境：廟學高峰論壇

道教祈福赦罪之儀

司儀：各位貴賓、善信大家好！

今天是天赦日，是個殊勝的日子。在關聖帝君的聖諭下，我們隆重舉辦了「修補靈體轉換陰陽法體・元神周全圓融」的法會。在此，謹代表主辦單位，向各位貴賓、善信的蒞臨致上最誠摯的謝意！

今天我們舉辦這個關門會議，主要有以下三個目的：1. 重視健康的問題，瞭解陰陽圓融的理念。2. 解決宗教傳承的課題，延續信仰的香火。3. 確立宗教的核心思想，凝聚各界的共識。

楔子

玄興教尊：張教授、龔教授、劉老師及在場的各位道長，各位學者專家、董事長、宮廟主事、貴賓，大家早安！

我們非常榮幸能夠邀請到各位嘉賓，共同來探討宗教傳承的重大課題。有各

位的參與，我們對宗教的傳承充滿了希望和信心。

我們唯一關心的、努力追求的，就是希望在座的道長前輩們，能夠將其畢生積累的寶貴經驗和卓越成就，整理成冊，傳承給後世。我們深知，當今宗教，尤其是地方民間信仰和宮廟，正面臨著嚴峻的挑戰，亟待傳承和發展。我們也了解，宗教界的許多道長和大師，都在為此傾注了大量心血。玄門真宗此次邀請學者專家參與盛會，正是希望能夠集思廣益，為宗教傳承貢獻一份綿薄之力。

今年劉再昌先生默默地在全國各地救助宗教亡靈。我們認為，與其分散地救助，不如集中辦理。因此，我們為無形靈祇設立法壇，並邀請了道教學院的陳國禎道長擔任主壇。陳道長用最莊嚴、正統的道教科儀，演繹出精華登壇，擔任神聖的使命。

我們也希望各宮廟、道長能夠本著救度眾生的慈悲心，齊聚一堂，共同參與。透過與專家學者的討論，大家能夠凝聚誓願、理念，並加以傳承。

每一次的聚集，能夠慢慢的積累能量，也只有各位重視宗教傳承及不斷調整宗教本身的體質，才能夠為眾生做更多有意義的事情。

我們想要自度和度人，唯有先提升自我修養，才能去度化更多的眾生。我們有一致的願心和使命；需要大家團結同心，集思廣益，才能共同完成為眾生服務的志業。

今天是第二次天赦日聚會，我誠摯邀請各位五次聚會都能夠撥冗參加。藉由大家共同激發出的智慧火花，張教授等宗教學術領域的專家學者，能將多年的學術研究成果分享大家，藉由彼此激盪出的智慧火花，讓宗教界朋友可共享豐碩成果。

在天赦日精進學習

張家麟教授：儘管我研究宗教已有數十年，但在宗教學領域仍有許多值得探索和學習的地方。

以往，我對天赦日的概念並不甚了解。然而，作為一名學者，我深知不懂就要研究，研究後就慢慢懂了。

玄興教尊功德無量，帶領玄門真宗教會舉辦了一系列破天荒的全國首創五場天赦日「關」門會議及健康講座，下午還有懺悔科儀。光是這一系列活動，就足以讓我們為玄興教尊帶領的玄門真宗致以熱烈的掌聲。

今天的主題是討論宮廟的基本硬體和軟體條件。也就是說，在您設立宮廟或道場時，需要具備哪些硬體和軟體條件？我認為這是一個非常有意義的問題。在今天的天赦日，我們要討論的六個議題中，首先要討論的是皈依教門的問題。現在先請謝政修博士為我們報告。

皈依與認同

謝政修博士：皈依，顧名思義，就是皈順和依靠的意思。

它體現著信仰者心態的調整，以及對自己信仰的堅定選擇。各宗教派別都會為信徒舉辦皈依儀式，那麼，皈依對於信仰者究竟產生了怎樣的價值，或者對其人生道路產生了怎樣的影響？

我認為可以從藏傳佛教宗喀巴大師的《菩提道次第廣論》中進行探討：

首先，您為何要皈依？您皈依的目的為何？

其次，您是否了解皈依對象的內涵？您為何選擇皈依這個教派？或者選擇某

一位神尊？或者選擇這位導師？

再次，在皈依的當下，您應該如何端正自己的內心和想法？您應該如何進行正確的儀式？

最後，皈依之後，您應該如何開始正確的學習？

因此，我認為在宮廟中，執事或神職人員能夠正確地說明和執行皈依內涵，對於宗教、宮院寺廟的管理可以發揮重要的作用。

宗喀巴提皈依的意義與目的（翻攝網路）

張家麟教授：「皈依佛法僧」是最早的皈依儀式，叫三皈依。梵語是「tisarana」。道教學習佛教，稱為「皈依道經師」。鼓勵在座的各位，如果要開宮立廟，一定要讓信徒有一個儀式來皈依我們的神、經典、師父。

皈依後就要守戒律，佛教的戒律是殺、盜、淫、妄、酒，被全真教派完全所接納。有關皈依的問題我們暫時討論到這裡。

宗教組織與效能

下一個問題，是有關組織決策的問題。請龔昶元教授來跟我們分享。

龔昶元教授：我現在先做補充：

非營利組織和營利企業最大的差別，在於目的。非營利組織不以賺錢為目標，而是肩負著重要的社會責任。它們是代天宣化、普度眾生、傳達神意，讓社會變得更美好。

然而，正因為非營利組織的使命崇高，也導致效率不佳的問題。就像政府一樣，因為他們做的一切都是為了人民，所以做事難免比較

拖拉。例如，921大地震發生時，政府提供救災和民生照顧，都比不上慈濟或王永慶企業團隊來得迅速有效。

非營利組織和營利企業最大的差別，在於制度、效能和效益的取捨。非營利組織往往為了追求崇高的使命，而犧牲了一些必要的制度和管理機制。這就導致了非營利組織在效率方面普遍偏低的問題。

很多學者都在研究社會企業，將宮廟比喻成社會企業。所謂社會企業，就是把賺錢的目的換成做好事。也就是說，企業除了要賺錢，也要積極回饋社會。宮廟的社會功能是指要勸善、教化、普度眾生，讓眾生產生信仰、信任，讓他們的生活更好。

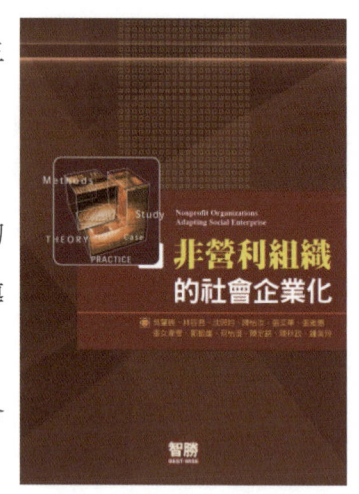

第二點，我們要學習將社會企業的概念，運用在宗教組織的管理上。根據學術研究，台灣中小企業的平均壽命大約只有15年。而宗教團體的目標是永續長存，這其中最重要的差異就是制度化。

我要告訴大家，只要我們相信這個制度，就不會因為某個人的離開而導致宮廟運作的改變。因為這個制度讓大家都能夠信任彼此，進而更有效率地執行宮廟事務。只要按照制度管理，就能讓所有信眾都參與其中，即使有許多人離開了，新生代也能夠無縫接軌，讓我們的宗教永續發展。

張家麟教授：我們要感謝龔昶元教授，他提到了無論是政府組織、非政府組織、還是跨國企業，在治理方面都有兩種模式：人－領袖和制度。龔教授是研究企業管理的專家，他非常強調制度的重要性。他的觀點是：制度比人重要。當然，如果一個人很優秀，即使沒有制度，也能做出很好的成績。但是，如果這個人離開了，整個宮廟可能會因此萎縮。

我們來看第六題：宗教組織的傳承，是非常重要的議題。宮廟裡有老、中、青三代人，如何讓他們齊聚一堂？如果能讓三代人同聚一堂，那麼傳統華人宗教一定會興盛起來！

宗教組織傳承與文化創造

謝政修博士：在我看來，宮廟文化要能傳承下去、永續經營，最重要的就是如何吸引年輕世代的注意。這可以從兩個方面來思考：

首先，我們要如何激發他們的興趣？

就好像老師在課堂上，要想辦法讓學生感興趣，不然他們就會對你講的內容毫不在意。

宮廟也是如此，也需要思考文化創新的部分。現在很多宮廟都已經開始嘗試，例如靈鳩山佛教團體就推出了類似《心經》的紙膠帶。

第二，我們該如何重新詮釋傳統文化價值？

我們要讓新世代的人們理解，傳統文化與他們的生活息息相關，他們的生活經驗可以與傳統文化建立連結。我覺得價值再創需要更多努力。例如，宮廟或寺院可以思考自身的宗教服務定位，如何在現代社會中找到新的價值內涵。

玄門真宗的「三命圓融論」和「五常德」就是一種價值再創的例子。它能夠塑造價值層面的意義，因為只有建立起來的價值才能與生活緊密連結。

玄門真宗具現代性關帝平安符

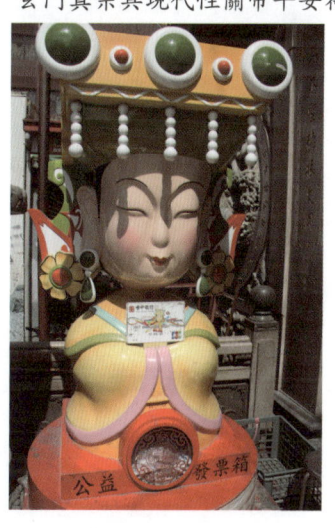

張家麟教授：我們剛剛聽謝政修博士提到，要好好激發年輕人對宗教組織、宗教團體舉辦的各類活動的興趣。我覺得這是很重要的。我們玄門真宗有舉辦小朋友用河洛語講故事的比賽，我覺得這是一個很好的做法。現在年輕人很喜歡路跑、寫生比賽，我們可以多舉辦一些這樣的活動，讓孩子們有機會接近神明、道場和師兄姐，自然而然就會對宗教產生興趣。

我們各宗教派別都可以學習一貫道的做法，舉辦讀

媽祖文創公仔

經班、作文班、英語班等活動，也可以在各大學裡成立慈濟青年社。透過舉辦各種小朋友、國中生、高中生、大學生喜歡的活動，讓他們有機會接觸我們的宗教。剛剛我們教尊有特別叮嚀我們在座有一位非常重要的重量級貴賓，戲曲大學校長退休，國父紀念館館長 - 張瑞斌館長。

籌設與辦理道教學院

張瑞斌館長：玄興教尊、各位教授、各位前輩、各位朋友大家好！

剛剛幾位教授的演講都非常精彩，內容也非常豐富，大家聽得津津有味。教尊叫我來講幾句話，我感到很唐突也很冒昧，不過我還是很樂意把握這個機會，向各位表達我的感謝。

我先介紹一下我們學校的情況。我們是一所從小學到大學的一貫制學校。以前因為生活比較困難，很多父母會把孩子送到戲曲學校學習。現在生活條件好了，少子化影響也越來越嚴重，學校招收學生變得更加困難。過去，為了讓孩子們學有所成，每天早上5點半起床練功，晚上10點鐘才睡覺。真的非常辛苦。題外話說一句，以後如果有機會，請大家多多鼓勵台灣戲曲學院的孩子們，好不好？

近年來，台灣的道教雖然逐漸式微，但其影響力仍然不容小覷。與其他宗教相比，道教至今尚未擁有一所正式的學術機構，而其他宗教早已設立了大學，培育人才、弘揚教義。

有鑑於此，前立法院長王金平先生積極倡導設立道教大學。在王院長的努力下，台灣道教學院於2022年5月19日正式獲得教育部准予備查。目前籌備處設址於台北市桂林路171號。

未來，我們將邀請張教授等學者專家協助規劃、設立院系等細節。我們相信，在各界人士的共同努力下，道教大學將於2025年暑假正式成立，為道教文化弘揚和正信傳承注入新的活力。

張家麟教授：我們要感謝張瑞斌校長，他的講話讓我非常感動。我感動的兩點是：

第一，張校長雖然已經退休，但他仍然心繫學生，一直在為他們尋找發展機會。這一點非常難得，值得我們為他鼓掌。

第二，張校長代表王金平院長呼籲成立道教大學。我想，宗教領袖最聰明的做法就是重視人才培育。大家知道，最早在台灣辦理佛學院的是哪位佛教人士嗎？答案是星雲法師。他早在 50 年前就創辦了佛學院！

此外，我還想提一個問題：廟宇經常發生神職人員和世俗人員之間的衝突。在組織管理中，我們該如何處理這種問題？這方面，我想請龔昶元教授為我們分享他的看法。

宗教組織分工的文化

龔昶元教授：針對這個問題，我想提出以下兩點看法：

第一點，我想借用哈佛大學策略大師麥克波特（Michael Eugene Porter）提出的「價值鏈」概念來解決分工問題。

價值鏈指的是企業的基礎活動，也就是企業利用資源進行的活動。企業要想盈利，關鍵在於如何整合這些基礎活動和資源活動，讓各方都能盡力發揮各自的最大價值。

在宮廟管理中，神職人員和世俗人員都扮演著重要的角色，雙方都在為宮廟創造價值。因此，我們需要整合雙方的力量，做好分工管理。在分工的過程中，我們要明確哪些分工和活動的整合能夠創造宮廟最大的價值。

我們宮廟最大的價值就是度化眾生，為眾生的福祉努力。所以，我們要找出宮廟的價值鏈，也就是所有基礎活動和資源活動都不可或缺。但重要的是，我們要將精力放在最能發揮價值的活動上，並相互支援。麥克波特認為，

麥克波特（翻攝網路）

企業要競爭力，最重要的是找出自己最有力的價值活動。

第二點，我想分享一下日本豐田汽車的生產管理制度。豐田的生產效率是福特的 3 倍，這可以稱為「獨步全球」。簡單來說，如果豐田用一個星期生產一輛汽車，福特則需要 3 個星期。因此，許多美國企業都開始向豐田學習，但學了 20 多年，仍然無法複製豐田的成功。

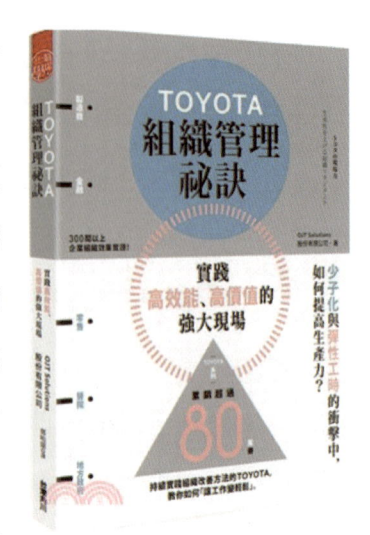

為什麼西方企業無法學到豐田的管理精髓？很重要的原因是企業文化。惠國工業的江董事長曾經是豐田在台灣投資的子公司負責人。後來，由於大陸市場的發展，豐田逐漸撤出台灣，現在由台灣人接管並開始轉型。江董事長能夠成功的關鍵，就是企業文化。

豐田強調的是「自動化精神」，但這個「化」字可不是簡單的「化繁為簡」，而是指「人文精神」，這就是我們宮廟的價值活動。西方企業學不會的原因，是因為豐田的員工在做好自己的本職工作時，還會主動幫助他人，發揮相互支援的精神。西方人普遍缺乏這種意識。所以，我們宮廟的神職人員和服務人員也要建立文化一體的概念。在做好自己的本職工作後，如果發現哪裡需要幫助，就主動伸出援手，共同創造價值。

張家麟教授：我們感謝龔昶元教授的分享。龔教授是組織管理專家，他經常從組織管理的角度來探討神職人員和世俗人員的分工與管理。在理論上，宗教場域由神職人員來帶領俗家弟子，為神服務是合理的、正常的。大家同意嗎？

我們玄門真宗誰管？教尊！他是神職人員，同時也要管理世俗事務。這與一貫道、佛教等宗教的組織結構相似。我也想鼓勵在座的朋友，如果您有心修道，想要真正投入「道」，就應該努力精進，成為你們廟宇的宗教領袖，也是管理領袖。

天赦日源由

　　我們在談天赦日，請問天赦日的天是指什麼？起源自那個朝代？天指玉皇大帝，源自宋朝的苗守信。而有：「春赦戊寅夏甲午，戊申赦日喜秋逢；三冬甲子甚為吉，百事遇禍反為福」之偈。天赦日顧名思義，就是祈求玉皇大帝赦免我們罪過的節日。這也體現了我們漢民族有反省的傳統美德。早在東漢正一道張道陵天師的年代，人們就會在三官大帝的聖誕之際舉辦「三官手書」科儀，祈求神明赦免罪過。在元宵節，人們會寫赦書給天官，然後焚燒上天；在中元節，人們會寫赦書給地官，埋入地下；在下元節，人們會寫赦書給水官，然後順水漂流。

　　接下來，讓我們請張文政道長為我們講解今天的科儀。掌聲歡迎！

道教祈福赦罪儀式

　　張文政道長：今天非常榮幸受教尊邀請，擔任這次法會的主法。

　　這次法會的主旨是「修補靈體・轉換陰陽・法體元神」。為了達到這個目的，我們連結了道壇，並懸掛了許多幡式，代表了三十二天廿八星宿及眾神祇。早上的科儀是發表請神，接著配合中醫游老師的五行理論，佈置了五方五斗和五色米，象徵天地靈氣的降臨。11點左右將進行赦供儀式。等大家用過午餐後，陳國禎道長會主持化解三十六劫的儀式，幫助修行者化解罪孽和劫數。如果各位同道有興趣，可以在用過午餐後到三界台找陳道長，他會為您進行這項儀式。下午，我們將按照對天上的五天星神的方位，進行五斗禮拜祈福儀式。

　　張家麟教授：今天下午的科儀由張道長主持，在玄興教尊提供的法壇上舉行。希望大家能夠沉浸在儀式氛圍中。參與儀式就是修行，也是對自己的反省。同時，我們也可以藉此機會為親朋好友祈福。以下，把主持棒交給玄興教尊。

Part3

關聖帝君 ‧ 接掌天盤

高上帝

校聖　渡九玄

Part 3-1 關公成玉帝：名家點評

3-1-1 關公的神格及功能演變

儒教的關公神格與功能

淡江大學教授　張家麟

曹操於西元 200 年最早封關羽將軍為漢壽亭侯

曹操頗為疼惜關將軍的忠義精神

　　關公成神，必須理解皇帝勅封、累封為關鍵因素。鮮少人知道祂的本質屬於儒教，為「功國偉人神」。

　　最早曹操封關羽將軍為「漢壽亭侯」，旨在拉攏、愛惜他的英武將才。此時，祂未成神。

　　湖北當陽一役，關將軍大意戰歿殉死。身歸孫權，就地厚葬；東吳將其頭獻給曹操，魏尊敬他為

英雄，葬於洛陽；魂歸山西運城，立關帝家廟、祖廟兩間。此際，蜀劉禪封祂為「壯繆侯」；但也只是諡號，未入蜀漢朝廷祀典。

祂得以進入朝廷祀典，應歸功於唐玄宗設文宣王殿（文廟）、武成王殿（武廟）。

他依《禮記・祭法》：聖王訂下「法施於民，能防外患，能消大災，以死勤事，以勞定國」等五項標準，全民應祀之。唐朝皇帝依此，設文宣王、武成王神殿，分別祭祀文人及武將、軍師、宰相。當時，唐明皇擇孔子、姜子牙兩人，任文、武神殿的主祀神；另各擇數人為配祀神。

然而此際，尚未見關將軍於武成王殿中。直到唐德宗建中3年（782），依顏真卿建議，增列東、西兩廂64名將領為陪祀神，春秋兩祭。始見祂列名東廂，排名15，此為關將軍最早的皇帝勅封、祭祀！

宋朝徽宗皇帝於崇寧3年（1104）加封祂為「崇寧至道真君」。此封號也與儒教無關，反而與道教張天師演科，請祂打擊運城的蚩尤妖怪，使鹽池不再泛濫；再請祂臨壇現身，顯聖於皇上面前，有直接關連。祂是道教演科的打妖降魔三真君之一，與玄天上帝、鍾馗並列。

宋徽宗、明太祖、清雍正皇逐步累封關羽將軍為王、聖帝（翻攝網路）

到了明太祖洪武 27 年（1394），他大力拔擢關將軍為武成王廟的獨祀神，於南京雞鳴山立關王廟，並下令全國各地立武廟。從此，武聖關公與文聖孔子並駕齊驅，成為文、武兩聖人。姜子牙信仰隨之萎縮，至今少有人提及祂為武廟的主神。

鄭成功為反清復明，擇台灣為根據地。驅逐荷蘭政權，延續明皇朝國祚。惜英年早逝，他的部將陳永華依其遺志，建全台首學、祀典武廟於台南。象徵明皇朝正統，依舊祭祀文、武兩聖人。

清皇朝肇建，沿襲明神宗之勒封，亦奉關公為武聖，尊稱為「關聖帝君」。但是，到了雍正皇帝，出現重大的變化。當他奪嫡成功，特別重視孔教的「君君臣臣」之倫理道德，有利於政權的鞏固。他看到了孔子為儒教創造者，而關老爺為儒教實踐者。

首度遣官以祀孔子的「釋奠禮」規格，拜關老爺；並封其子嗣為五經博士，

明鄭王朝延平王及陳永華將軍為關帝立祀典武廟於台南

蔣介石下令建日月潭文武廟感念武聖　　　　袁世凱下令「關、岳並祀」

饗國家名器、俸祿。至此，關聖帝君不再是「武聖」，而是類比孔子的「文聖」。

民間風聞，降乩稱之為「文衡聖帝」。祂也轉化為五文昌神之一，與文昌帝君、呂仙祖、魁星、朱衣神並列於文昌殿。到咸豐皇帝，將祂的神主抬入孔廟。要求全國士子，敬拜「山東夫子」-孔聖及「山西夫子」-關聖。

總括而言，雍正以降的清皇帝，已看到了關帝的另一個面向，認為祂是「仁、義、禮、智、信」五常德的實踐者。而這觀點，與唐、宋、明三朝皇帝視關公為武將神格，大不相同。

到了民國，袁世凱就任大總統，一反清朝皇帝祀關帝傳統，而有兩項作為。一為視關公為武將，二為要求全國各地關帝廟，加祀岳武穆王，形成「關岳並祀」。因此，出現了泉州、重慶等地的「關岳廟」。

此現象影響了蔣介石對日抗戰，退至四川重慶，常率領將士官至關岳廟朝拜，法其精神，對抗外患還我河山。蔣介石來台，到日月潭參訪，下令修「文武廟」。前殿為「關岳並祀」，後殿「孔子獨祀」。以報兩英靈陰助抗日勝利。

可惜的是，國府官方祀關僅止於此。不像祀孔、祀國民革命英烈。前者，在1966年後，各級政府以明朝釋奠禮在各縣市孔廟祀孔。後者，在1969年，中央政府置國家忠烈祠於大直。並未將關帝、岳武穆王、張巡、許遠等愛國殉死名將入祠。關帝與祂們轉入民間，成為百姓敬拜的大神。

道教的關公神格及功能

台灣宗教與社會協會

礁溪協天廟山門書寫三教封關羽的對聯

關公信仰跨多少教？是個有趣的問題！

清朝的對聯書寫關公：「儒稱聖，釋稱佛，道稱天尊，三教盡皈依。式瞻廟貌長新，無人不肅然起敬。漢封侯，宋封王，明封大帝，歷朝加尊號。矧是神功卓著，真所謂盪乎難名」。

上聯說祂在儒、道、釋教的封號。看起來似對，但也有不足之處。因為除了三教之外，一貫道、先天救教、民間儒教（鸞堂）等民間教派，也有奉祀祂，並賦予不同的神格及功能。

前已就「儒稱聖」，來看儒教的關老爺。

最早，祂扶助蜀漢，「以死勤事，以勞定國」，壯烈殉死。被唐德宗依儒教封神，納入武成王神殿作為配祀。之後，明太祖獨祀祂，取代姜子牙，為為武成王。明神宗之後，有「關聖帝君」之名，又稱「武聖關公」，媲美「文聖孔子」。

到清雍正皇帝，視其神格為「五常德」的實踐者；與孔聖創儒教，關聖實踐儒教，山東、山西夫子兩聖人，一前一後，兩相呼應。從此，關帝為允武允文，值得文武百官尊崇的「聖人」。

再就「道稱天尊」來看，它是逐漸地堆疊、累封、晉升而成。

在道教脈絡下，以《道法會元》為主軸，視祂為斬妖除魔的「關元帥」。與溫、康、馬、趙、王等元帥並列，成為道長行科儀時，延請玄天上帝臨壇作主，「關元帥」常為其座前、斬妖的將軍。與佑聖（玄天上帝）、鍾馗並列，為斬鬼三真君。

祂在宋朝，已是道士作壇演科行法，常敦請的神明。到宋徽宗，山西運城解池塩水溢洪成災。皇帝依大臣建議，請來第30代天師張繼先（虛靜）到皇宮設壇，由他演科行法請「關公斬掉蚩尤」，奇蹟出現了，洪災立馬停止。

張天師再應皇帝之請，讓祂現身於皇上面前。一陣作法，關元帥現形；宋皇帝驚訝之餘，

《道法會元》中，關元帥與溫、康、馬、趙元帥並列，為斬鬼之真君

懷中掉出了「崇寧幣」。乃於崇寧 3 年（1104）乃封祂為「崇寧至道『真君』」。此「真君」神名，應該屬道教封神的尊稱。而此顯靈神話，卻已代代相傳。

至於「道教典籍封神」的脈絡：約莫 40 項的敘述，宣稱關羽為斬妖除魔神格的「關元帥」。主要記載於《道藏》，少數存在於《藏外道書》。

道教接納關羽為斬妖之神，應該是受北宋皇帝封關羽為崇寧真君所影響。

分為：（1）關元帥在南宋時被納入道教神譜；（2）祂的位階僅是元帥；（3）張天師、道士的齋醮科儀中，關元帥具護壇之功能；（4）道士演科行法時的關元帥斬妖功能；（5）祂與玄帝的關係等四類。

細究其內容，可以得到幾個概念。

（1）道教最早納關羽為神，應該是在南宋蔣叔輿（1163-1223）的《無上黃籙大齋立成儀》，將「崇寧真君」納入道教齋醮科儀神系。

（2）道教視關羽為「關元帥」，與溫、趙、馬、王、殷、鄧元帥並列，位階不高。

協天大帝關聖帝君

（3）關元帥受張天師、道士差遣，作醮時與其他元帥降臨法壇護衛。

（4）北玄（玄天上帝）、酆都大帝或東嶽大帝等神明，都可行秘法、雷法、持咒，命令關元帥前來斬妖除魔，關羽是其部將。

（5）南宋、元、明時期的道士，作醮行科儀時，皆可持雷法、符咒、指訣、禹步、行氣，單獨命令關元帥前來斬妖除魔。

總的來說，在道教神譜中，關羽是其作醮、行科少不得的「護法神」、「斬妖除魔神」。護壇功能，位階如同佛教

伽藍尊者。斬妖除魔功能類似玄天上帝、鍾馗、雷神，但是，卻受前者差遣。

難怪，我們偶而會見到台灣部分神將團，雕刻「關羽巨型神將」，於遶境、迎神時，與其他馬、溫、趙、王元帥並行，走在前面護衛神轎上的大神。應該是與道教的「關元帥」有關！

到明朝神宗皇帝，道士張通元請求加封關元帥，皇帝於1578年首度封祂為「協天護國忠義大帝」。祂首度有「協天『大帝』」之名，神格躍升。兩岸三地，常見協天廟，皆是在此勅

關元帥作為神將

封之後，民間社會為感念關老爺的德澤、施恩，而後的反應。

到1613年，神宗二度加封祂為「三界伏魔大帝神威遠鎮天尊關聖帝君」。從此「關王」昇格到「關帝」，擁有世人熟悉「伏魔大帝」、「神威遠鎮天尊」、「關聖帝君」等名號，皆是拜明神宗所賜。其中，「天尊」的稱謂，隱然與元始、靈寶、道德天尊一樣至高、尊貴。

總體來說宋、元、明三朝的關老爺，祂在宋朝昇格成為「元帥」、「崇寧真君」，到明朝，驟昇至「大帝」、「聖帝」、「天尊」。

就神格來看，祂不斷昇高，已到至高神「帝」的位階。就其功能來看，祂原本為「護壇」、「斬鬼」之神，後來轉化、擴張為「協天護國」、「三界伏魔」之神。

而這是「道經、皇帝、第30代張天師、道士」等四個元素，促進了關老爺在道教神譜學的演變。

佛教的關公神格及功能

台灣宗教與社會協會

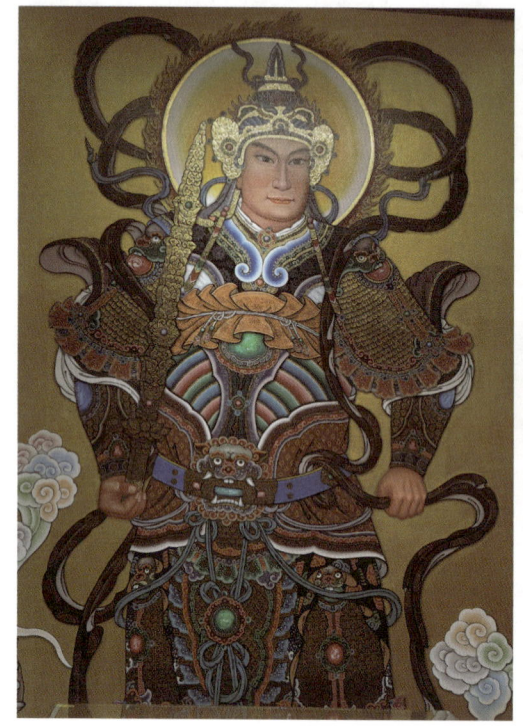

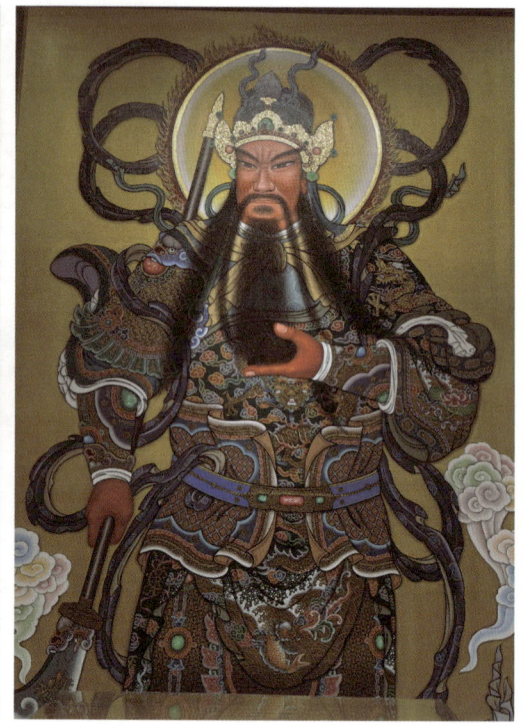

漢傳佛教獨尊關羽為伽藍尊者，與韋陀尊者並列

　　佛教將關公納入其神譜，始自唐朝。它是將民間與官祀關將軍，融合的結果。因為在原來佛陀的經典中，有 18 名或 21 名「伽藍（saṃghārāma）」，卻從未、也不可能言及關公。

　　佛教徒偶而會尊稱祂為「伽藍佛」，是抬舉祂的身份。其次，也會稱祂為「伽藍菩薩」；也是高估祂了。最多者稱其為「伽藍尊者」，我以為，這是最符合實際、最恰當的稱呼。

　　因為，「伽藍」的原意是僧團群居在幽靜的佛寺，又稱「阿蘭若」。而護衛佛寺、僧團的神，稱為「尊者」或「菩薩」。再以佛寺神龕的擺設來看，祂始終是立於三寶佛的兩側，與韋陀尊者並列，為佛祖的「脅侍神」。

　　說到此，我們就要問，為何關公進入漢傳佛教天台宗，成為「伽藍尊者」？我以為應該是與佛教智顗大師（538-597）、歷代文人、佛祖傳記作者有關。它源

起於唐、宋兩朝的兩塊〈碑記〉，及兩本《傳記》。

先說第一塊碑記：早在唐德宗貞元18年（820）董挺撰《荊南節度使江陵君裴公重修玉泉關廟記》，提及當年智顗大師在湖北當陽玉泉山修行。霎那間，關羽顯聖，宣稱願捨此山作為佛寺。

類似的故事，出現在第二塊碑記：宋神宗元豐4年（1081），張商英（1043-1121）的《重建當陽武廟記》。

此碑加油添醋，說顯聖的關羽，除了捨山作佛寺外，尚稱關公、關平父子皆願皈依受戒於智者大師座下為徒。並成為護衛佛祖神殿的「伽藍護法」。甚至答應大師建玉泉寺，而且享廟食。

而這些關羽顯聖、皈依天台宗智者大師的故事，到宋徽宗時期，僧人曇照再次「誇大」了智顗大師的能力，宣稱願收關羽為門徒，皈依佛教。

在他寫的《智者大師別傳註》卷下玉泉山立精舍，註云：

「……。常聞此寺是故蜀將關王神力所造，……，智者抵渚官，登南紀望雲山，特建道場。……，行至金龍池北百有餘步，有一大木婆娑偃蓋，中虛如庵，遂於其下趺坐宴安，入大寂定。

一旦天地晦冥，風雨噁怒，有無限妖怪，種種殊形異狀，攢簇師前，將欲為害。又有巨蟒長十餘丈，張口礪牙，意欲食啖，復有陰魔列陣，砲矢雨下，經一七日，

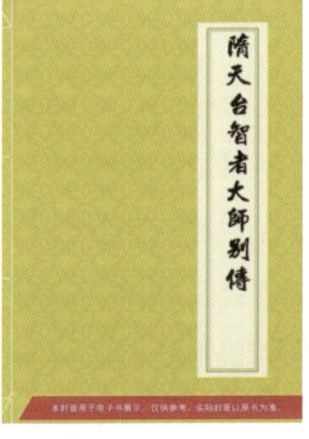

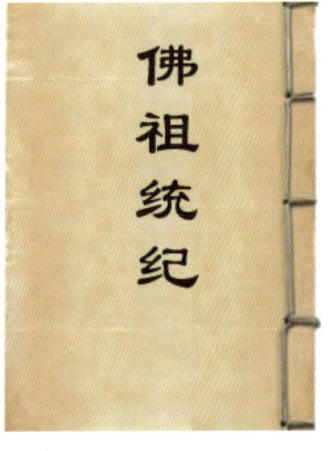

天台宗智顗大師收關羽為徒的神話（翻攝網路）

湖北當陽玉泉寺為關公顯聖地

了無懼色。師憫之曰：『汝所為者，生死幻夢，貪著眾業，不自悲悔，猶來惱吾耶？』言訖俱滅不見。一夕雲霧開爽，月明如畫，有二聖者，部從威儀如王者狀，長者美髯而豐厚，少者裹帽而秀發。

師遂顧問：『聖者何來？』曰：『予乃蜀前將軍關羽兒子，……。大德聖師何枉神足？』『貧道自天台過，欲於此處建立道場，少酬生成之德。』神曰：『果如是，弟子當為造寺化供，以延十方清眾，何如？此去一舍地有山狀如覆舡，其土深厚，形勢將旺，弟子於此建寺，願師禪定七日。』

言訖而退，師既出定，大廈告成，……。一日神曰：『弟子在昔，用兵討伐，膾肝臠肉，恣縱貪嗔，今日何幸，得聞無上菩提出世間法？今已洗心滌慮求戒品，永庇佛乘，教化群生。』師從其請，為之秉爐傳授，自此齋潔，愈更精明。」

在曇照法師又增加智顗大師諸多對話情節：包含智顗大師初到玉泉山禪定，碰到七天七夜的狂風暴雨及欲吞噬他的巨蟒，大師毫無畏懼，反而用慈悲的口吻勸告這些妖怪應該自己懺悔。

突然間風平雨靜，月明如畫，出現關羽及關平兩父子與大師對話。當關羽知道師父要建道場，向師父提出請求，願師父禪定七日內，道場就可完成。竣工後，再迎請師父主持寺廟，講經弘法。過不久，關羽向智顗宣稱，自己過去殺人無數，

個性貪嗔,而今日聞了佛教「出世間法」願洗心革面、受戒,庇護佛教及道場,並且用佛教教化百姓眾生。

大師聽了之後接受祂的請求,為祂傳法受戒,此後的關羽已成精進的佛弟子。從曇照書寫《智顗大師別傳註》,再度豐富關羽和智顗大師互動的情節。除了再度重複關羽捨山為大師蓋廟外;增加智顗大師的修行能力,懾服了成神的關羽;七日完成蓋廟的神奇法力;關羽既為大師的徒弟,聽師父講經聞法後,再次反省過去殺人無數、剛愎自用的個性,請求師父為祂傳度受戒;大師從其所請,關羽此後佛法更加精進,願意投入佛教「永庇佛乘」,教化子民。

由此看來,關羽至此,無庸置疑的已經成為智顗大師的學生,扮演在佛教神殿庇護佛祖及教化子民的護法神角色。從佛教看來,多了一位「本土化」的神明,從關羽信仰來看,祂從民間宗教、官祀宗教擴張到佛教。

不過,伽藍尊者的封號,在此時依舊未出現。在神譜的堆疊過程,關聖帝君受歷代朝廷皇帝的青睞,不斷的加封;而在佛教碑刻與傳記的陳述,關公則是不斷被增加情節。

湖北當陽關陵埋葬關公身軀

發展到南宋末年志磐法師撰《佛祖統紀・卷六・四祖天台智者智顗》，再次強化了智顗大師降伏關公的法力：

「隋文帝開皇十二年（592）十二月，師……，乃於當陽玉泉山創立精舍……，道俗稟戒聽講者至五千餘人。……於其處趺坐入定。一日天地晦冥，風雨號怒，妖怪殊形，倏忽千變。有巨蟒長十餘丈，張口內向，陰魔列陳，砲矢如雨。經一七日，了無懼色。師閔之曰：『汝所為者，生死眾業，貪著餘福，不自悲悔？』

言訖象妖俱滅。其夕雲開月明，見二人威儀如王，長者美髯而豐厚，少者冠帽而秀發，前致敬曰：『予即關羽，……，故王此山。大德聖師，何枉神足？』師曰：『欲於此地建立道場，以報生身之德耳。』神曰：『願哀愍我愚，特垂攝受。……，弟子當與子平建寺，化供護持佛法。願師安禪七日，以須其成。』師既出定，見……棟宇煥麗，……。師領眾入居，晝夜演法。一日神白師曰：『弟子今日獲聞出世間法，願洗心易念求受戒，永為菩提之本。』

師即秉鑪，授以五戒。於是神之威德，昭布千里，遠近瞻禱，莫不肅敬。」

志磐書寫本文離曇照法師書寫《智者大師別傳註》相隔約百餘年，兩篇傳記內容大同小異，只不過志磐再次強化了曇照書寫的內容，變成佛教在中國發展中的一項歷史「事實」，而正式被收錄在《大正新修大藏經》，成為佛教的《藏經》。

關羽與佛教天台宗的關係，是由兩篇碑文、智者大師兩篇傳記註解，逐步勾

新莊地藏庵地藏王菩薩以伽藍、韋陀為護法神

勒、深化。

從唐董侹於貞元 18 年（802）書寫的碑文開始，歷經北宋神宗宰相張商英再為玉泉寺書寫碑文，這兩篇碑文中的關羽成神的神話與關羽、智者大師的對話，呈現出關羽皈依佛教的情節。發展到北宋曇照法師時，則把這些神話與對話轉化為《智者大師別傳註》，成為佛教的《卍續藏經》。

而在南宋志磐法師於南宋度宗咸淳五年（1269）承續前人的書寫，再度演變成《佛祖統紀》的歷史事實。前後長達 467 年的歷史演繹，由關羽顯聖碑文變成佛教天台宗的歷史。

從關羽的神話，轉變成祂成為智顗大師的學生。不但皈依了佛教，而且願意庇護佛教、神殿。關羽與佛教天台宗的互動，在幾位文人、法師的書寫過程中，嵌入了中國佛教的神譜。從此，漢傳佛教從天台宗封關羽為「伽藍神」，與「韋陀尊者」並列。北禪宗神秀亦奉祀之；進而傳到各宗派。

如今，台灣佛教之佛寺或民間宗教，如台北大龍峒保安宮的大雄寶殿、蘆洲湧蓮寺的觀音殿、新莊地藏庵文武大眾爺廟的主殿，皆可見到伽藍、韋陀兩護法，並祀在佛祖、觀音佛、地藏菩薩之兩側。

綜觀佛教封關將軍為「伽藍尊者」或「伽藍菩薩」，是視祂為佛寺、僧團的護法神。從唐朝至當代，其地位、功能未變，僅為陪祀、護法。遠比不上道教、儒教。

回過頭來看道教，先稱其為斬妖「元帥」，後昇為「真君」，再提昇為「協天大帝」、「伏魔大帝」、「神威遠鎮天尊」、「關聖帝君」等。就功能來看，除了斬妖、伏魔外，尚有協助玉皇上帝之職。而神格也從「真君」，到「大帝」、「帝君」、「天尊」等至高尊稱。

另外，再看儒教，關將軍由陪祀神，演進至正祀神之武成王；再昇格為山西夫子「關聖人」。就功能上，由功國偉人的武將之神，轉化為文人、武將共同祭拜的「聖人神」。關聖帝君不只是「武聖」，也是儒者敬愛的「文聖」，民間儒教尊崇的「文衡聖帝」、「恩主公」、「玄靈高玉皇大天尊」。

民間教派的關公神格及功能

台灣宗教與社會協會

再來看一貫道、先天救教、天帝教等民間教派及一般宮廟的華人民間信仰，如何看待關公為神。

先言一貫道：張天然祖師書寫《暫訂佛規》，稱關羽為「關法律主」；將祂與呂仙祖（洞賓）、張恒帝（飛）、岳武穆王（飛）並列四大法律主。因此，道親設的大殿、佛堂，常見祂們列於中央神龕的兩側。

其功能與佛教的伽藍尊者雷同，負責護衛佛堂，作為眾神、道親的護法。在此之外，尚且多一監督道親、男女有別及敬神時之禮儀；看大夥是否吻合規範。再依祂為護法神的神格，敬拜祂的叩首禮儀次數，遠不如五教教主。

類似的神格，出現在台港兩地之先天救教-道慈總會。該教派亦稱一貫道的關羽等四位法律主為「監壇護法」，職責亦與之雷同。有時，一貫道的關法律主或先天救教的關監壇護法，亦會降筆開示，此又與鸞堂雷同。

我估計，此兩教派應該是受佛教的「伽藍護法」影響，只是兩教派皆增加陰鷖道親之功能。只不過，佛教以韋陀、伽

藍為護法；而一貫道及先天救教則有關、呂、張、岳四位護法神。

至於天帝教視關公為「南天主宰」，其性屬火，顏色為紅；而非天公。加上，祂具文昌神格，扶乩造經，乃命名為「文衡聖帝」。此說，得到不少民間信仰的宮廟堂認同，甚至是稱命廟名為「文衡殿」。

寺廟設「文昌殿」者，廟宇執事常將關聖帝君與梓潼文昌帝君、呂仙祖、魁星爺、朱衣星君並列。偶而，以孔子、倉頡夫子取代其他的文昌神，皆稱其為「五文昌」，供士子求取功名。

部分廟宇執事，宣稱祂具生意人重然諾、守信用的特質；而且，祂也發明會計出入帳。乃視關帝為「財神」。

此際，關老爺是庶民大眾求財的對象；一如比干、趙公明兩位文武財神，也像是土地福神-張福德；更像是一個天官賜「官祿、財祿、

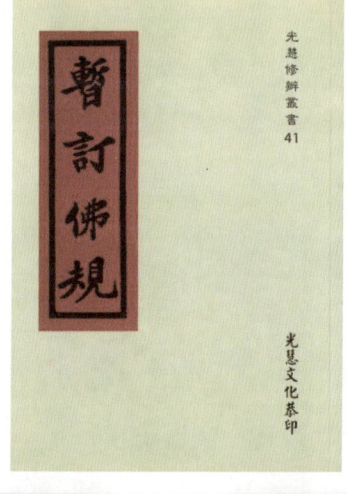

一貫道張天然祖師寫《暫定佛規》（上），奉關羽為四位法律主之一（下）

民間信仰奉關公為財神（上）或五文昌之一

口祿」，「招財、聚寶、利市、納珍」的財富祿神。

由於祂守信用，劉、關、張三兄弟於桃園結為金蘭，異姓兄弟結盟，相互支持、照顧。因而被警察、洪門弟兄歃血為盟時的敬拜、見證神。在台港兩地警察及全球洪門組織、致公堂成員，皆敬拜祂。

綜觀民間教派中的一貫道、先天救教，視關公為護法、監壇之神。神格如同佛教的伽藍，卻又有些微不同。至於民間信仰、天帝教視祂為「文昌神」，應該是與扶乩造「文衡聖帝」有關。而此神格，又是受清雍正皇帝將關公當作文人祭拜，效法祂實踐五常德有關。

最後，關公成為世俗百姓最喜歡的財神，警察、洪門弟兄尊敬之神。這當中有神話，也有歷史事實之因素。依祂嚴守異姓兄弟結義、守信用故事之邏輯，演化出關老爺成為多功神的神祇。

戲曲、小說提升關羽的神格及功能

台灣宗教與社會協會

《三國演義》、《三國平話》皆有關公秉燭夜讀《春秋》的故事

　　普羅大眾喜歡關公，其中有一重要的因素：是深受戲曲、小說的影響。

　　從唐、宋以來就出現說書、戲曲的《三國平話》劇本，此劇本成為日後羅貫中撰寫《三國演義》的主要情節。而戲曲劇本與小說所描寫的關羽和陳壽撰寫《三國志》，諸多不同。

　　《三國志》對關將軍各有褒貶，評價並不高；相反的，《三國演義》筆下的關公，儘管壯志未酬而戰死沙場，身首異處。但是，祂「忠義」的不朽典範，深入普羅大眾心目中，這是民間宗教信徒對關公信仰的倫理基礎。

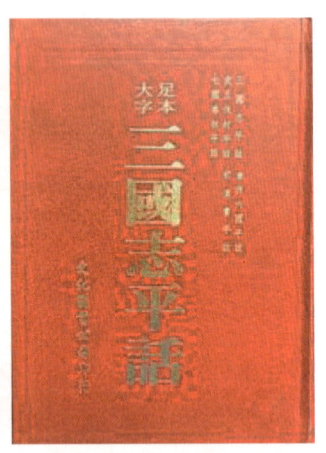

在《三國演義》的忠義事蹟中，關羽和曹操、劉備間的恩怨情仇展露無疑，曹操大敗劉備，劉備投奔袁紹，關羽戰敗被俘，曹操欲收服關羽，拜其為將軍，禮之甚厚。

曹操甚至用「美人計」，讓關將軍和劉備夫人共處一室。此時的關將軍，卻秉燭達旦夜讀《春秋》，嚴守男女之防。實踐對異姓兄弟之忠心的志節、情感，不可侵犯兄長之妻的道義典範。

關公秉燭夜讀《春秋》，維護兄嫂的貞節的志節，從當夜起，關公已經超凡入聖。而祂秉燭夜讀《春秋》的姿勢，手捻美髯鬍鬚的姿態，變成日後成神的主要造型。

不僅如此，關公幫曹操斬顏良、解白馬之圍，曹操更加寵愛祂。命其部將張遼詢問關羽，是否願為曹操效忠。關羽明白告訴張遼，他知曹操非常厚待他，但因與劉備義結金蘭，誓死效忠，故不能違背此誓言。張遼將關羽此意告知曹操，曹操稱讚他為「事君不忘本，天下義士也」。

關羽斬顏良後，曹操封賞特別豐厚，想留關羽。但是關羽退還其賞賜金，拜書告辭；曹操制止部屬，讓他離去，成全關羽各為其主的心意。祂乃護兄嫂，與張飛、劉備相會。

《三國演義》誇大關羽的奇人奇事，使關羽的神話，成中國民族偉大的神祇。

這種部分史實,加上歷代文學家的創作想像,使《三國演義》故事中的關羽持青龍偃月刀、紅臉、周昌將軍護衛、騎赤兔馬、過五關斬六將等鮮活的形象,早已注入一般民眾的心理。而這些畫面,可能皆脫離史實。

民眾從小說、戲曲認識祂,遠超過《三國志》史學的記載。《三國演義》中的關公取代了歷史《三國志》的關羽。因此,《三國演義》變成民眾信仰關公的主要動力之一。

普羅大眾從戲曲、小說認識來自社會底層關羽的英勇、鮮活形象,是日後關羽成神的廣大且重要之信仰基礎。如果沒有《三國平話》與《三國演義》,關羽可能只是區域性的神祇。

雖然祂曾經於荊楚地區顯靈,但是,祂可能只是地方「小神祇」。而《三國平話》與《三國演義》的流傳,說書人及戲子分別說出、演出關公忠義千秋的形象,注入到普羅大眾心中,贏得他們廣泛的認同,使祂成為家喻戶曉的跨區域性「大神祇」。

因此,我們不可小看《三國平話》與《三國演義》等文學小說,及依此轉化的曲目、戲劇、電影對宗教的影響力。它們是關羽成神的重要文化基礎之一。

《三國演義》中關公大戰呂布之情節

歷代皇帝及文人加封關公

台灣大學博士 謝政修

玄門真宗奉關公為玄靈高玉皇大帝及恩主公

關公做為蜀漢將軍殞沒之後，就文獻記載，其靈異事蹟於魏晉南北朝時期開始出現，演變至今，其神格發展的軌跡，從地方鬼神進封為王，再被敕封為帝，清代中晚期，民間鸞教以關公為玉帝首相，甚至最後繼位玉帝之位。當然，隨著神格提升，關公的神性也愈趨豐富。

1. 唐宋：顯聖的發源與確立

關公最早顯靈的地域，集中在埋葬身軀的當陽，即是荊楚一帶。最早的文字記載，是出自唐代董侹〈荊南節度使江陵尹裴公重修玉泉關廟記〉這篇文章。文中寫到關公在南北朝時期，顯靈幫助北齊陸法和擊敗梁國的任約。唐代時期，天台宗智顗大師在當陽境內的玉泉山興建寺廟，傳說受到地方大力鬼神協助，此鬼神被認為就是關公，被記錄在僧傳之中。在僧傳之中，智顗大師為關公皈依受戒，關公也發願守護佛法，從此被視為佛教的護法尊者。

宋時，關公出身地山西運城開始成為關公信仰的集中地，這與一個知名的傳說有關。當時解州鹽池發生水患，張天師召喚了關公，斬殺了鹽池內作亂的蚩尤

與魑蛟，也因此關公被道教奉為崇寧真君。關公被道教吸收後，其形象與神職大多是斬妖除魔的元帥。從此，關公山西運城的祖廟不斷修繕興建，信仰也愈趨昌盛，甚至超越了荊楚一帶。此外，關公的神格在官方的認證下也被提升，北宋時期被封為忠惠公、武安王，南宋時期則被封為英濟王。

2. 元明：護國禦難的帝級神

　　明朝是關公神格驟升的重要朝代。明朝時期，關公靈驗事件擴散至中國各處，除了原本發源地的荊楚，以及祖廟山西一帶，河南、河北、山東、陝西，甚至是內陸貴州、重慶皆有靈驗傳說的文獻紀錄。其中最重要的是東南江浙一帶關公信仰的快速發展，這與當時沿海倭寇為亂有關。有不少關公平定倭亂的傳說故事在此時流傳，不僅建立起關公護國禦難的威信，也成為軍隊的守護神。

　　此外，明清時期晉商極為活躍，其商號遍及全國，富甲天下。這也是關公信仰拓展的重要管道。從山西發跡的商幫，自然是以關公為守護神，加以經商以誠信為要，重然諾的關公更是象徵一種文化道德符碼。因此，不論在山西會

關廟：左上河南洛陽、左下台南祀典武廟、右上台北行天宮、右下基隆代天宮

館、山陝會館等，皆可看到關公塑像，這也是關公被視為財神的重要原因之一。

關公信仰於全國興盛，加上屢次顯聖抵禦國難，為其鋪下神格晉升的道路。在明神宗時期封關公為「三界伏魔大帝神威遠震天尊關聖帝君」，正式成為帝級大神。

3. 清代：紹繼孔孟的救劫神

清代是關公信仰的鼎盛時期，可以從官方敕封、儒士推崇以及扶鸞說明。

清初順治帝到清末光緒帝，關公一共被敕封十五次，且始終保持其帝級的神性，可知清廷對關公推崇備至，康熙、雍正、咸豐、光緒等帝，也對關公祭典有諸多的修正，提升其影響力與地位。呼應官方的推崇，明清時期的文士對於關公信仰的塑造也不能忽視。清代不少文士將關公稱為「關夫子」，認為關公是紹繼孔孟之道的聖者，如咸豐帝親書「萬世人極」之匾額，可見其聖者形象的完備。因此，關公在清代也成為士人敬重崇拜的神祇，關公掌文衡的神格也由此發展而來。

清時，關公同時也是民間扶鸞救劫的重要神祇。清代民間有所謂「三相救劫」說，是指關公、文昌帝君以及呂祖透過扶鸞，履行就度世人的使命。清代中晚期，關公逐漸成為領導救劫的主神，圍繞關公救劫降下許多經典，其中最為知名者即是《桃園明聖經》。在某些版本的《桃園明聖經》中，更直接稱關公為玉帝首相，足見其協助統轄之地位。

順著此一脈絡的發展，在民間宗教與扶鸞的宣揚下，關公終因累劫度化之功，成為新繼任的玉帝，統領眾神。

民間信仰奉關帝為文衡聖帝

關公的神格演變

淡江大學博士 王心伶

民國時期扶乩者創造關聖帝君掌天盤的神話

關公（關羽）的神格和功能在中國歷史與文化中有著豐富的演變，從歷史人物中的偉人到民間信仰中的神明，由功國偉人神，再演變成自然神的天公神格，稱關公為第十八代玄靈高玉皇大天尊，這段路程至少經歷了1000多年多個朝代更替，其神格及功能主要的演變可以分類成三個層次：

第一個層次為一開始關公壯烈戰死於戰場上，成為亡魂變成「鬼」，劉禪為緬懷其英烈，封為「壯繆侯」。

第二個層次由顯靈助人，由「鬼」轉化成區域信仰的「神」，進而成為了「偉

人神」，關公死後，一直到魏晉南北朝時期在荊楚地區，出現了神蹟顯靈，後來被後人立廟祭拜，這是關公最早出現被後人立廟祭拜的事蹟，是屬於區域性的神祇。

第三個層次是由區域信仰的「偉人神」再跨入跨區域性信仰的神祇「自然神的天公」；因此也由「單一功能」的神祇轉化成「多功能」性質的神祇；從第二層次到第三層次經歷了1000多年的社會變遷不斷的轉化，一直到清朝末年才合而為一。

關公的神格及功能的轉變絕非一蹴可幾，是在歷史洪流中淬煉形成的，其主要變因可以歸納成幾個面相，包含宗教、政治、文學三個部分。

在宗教方面，包含了宗教顯靈、宗教儀式、宗教經典及信眾的信仰觀……等因素，在儒釋道中都有了一些敘述，佛教法師將關公納入佛教神祇，種下佛祖推薦關公為天公的種子；道教的道長召請關公，也種下道祖推薦關公為天公的種子；清康熙皇帝、雍正皇帝對關公當作儒家道德律實踐者而加以敬拜，清咸豐皇帝將祂迎入孔廟，形成關孔並祀的現象。

帶關刀的關將軍與讀《春秋》的關帝，具不同神格

清朝關帝廟的對聯就可以看見關公信仰在三教的重要地位：「儒稱聖，釋稱佛，道稱天尊，三教盡皈依，式瞻廟貌長新，無人不肅然起敬。漢封侯，宋封王，民封大帝，歷朝加尊號，靰是神功卓著，真所謂蕩乎難名。」

當關公成為三教的重要神祇後，種下了關公在日後經典造神運動中，被道教教主三清及儒家教主孔子，及佛教佛祖共同推薦關公為天公的說法。

三教教主共推關公坐上凌霄寶殿掌天盤

在政治方面，包含政治領袖敕封及政治領袖對神的期待⋯等因素，政治領袖藉此攏絡民眾或教化子民，有利於百姓對朝廷認同與效忠，發展儒家道德律為社會主流價值，達到社會穩定的效果。

關羽戰死沙場後，劉禪封為「壯繆侯」，到了宋徽宗加封為「忠惠公」，之後提升為「武安王」、「義勇武安王」，宋孝宗再封為「壯繆義勇武安英濟王」，在元朝時文宗封為「顯靈義勇武安英濟王」，到明神宗時由王提升為帝，封祂為「三界伏魔大帝神威遠震天尊關聖帝君」，清聖祖康熙賜封為「忠義神武大帝」。

在文學方面包含小說戲曲中與關公有關的三國平話與三國演義⋯⋯等因素，小說戲曲中的關公的性格及宗教倫理的基礎與忠義不朽的典範，讓一般普羅大眾喜歡戰敗的關公勝於打勝仗的曹操，故事中的人物軼事，將關公神化了，但也奠定了關公信仰的基礎。

以上由幾個面相中，看出了關公神格及功能演變。

3-1-2 關公成為第十八代玄靈高玉皇大天尊的依據

《桃園明聖經》的關公神格

淡江大學教授　張家麟

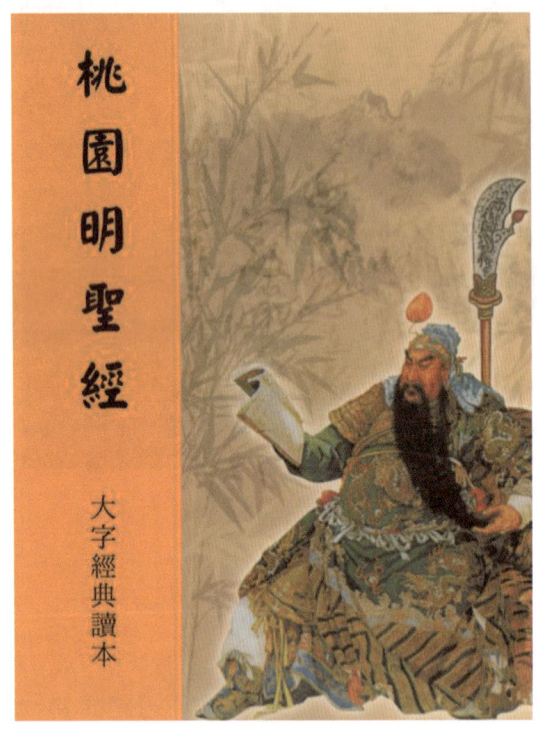

桃園明聖經指出關帝為玉帝座前左宰

如果您問我，20世紀華人信仰最重要的神話是什麼？

我定當回覆：「關公坐上凌霄寶殿，成為第18代天公-玄靈高玉皇大天尊」。而且，它已是當代諸多鸞堂鸞生的「確信」，關帝信徒的「共識」！

這是在民國13年的民間乩壇降文，才說出來的神話；不過，它在清朝的《桃園明聖經》，則已奠下基礎。可以說是皇帝、教主、文人筆記小說之外的封神，屬於「扶鸞造經封神」。

「關公已經成為玉皇大帝」是由不同時空的鸞手，不斷以扶鸞造經，創造出來的「神話」。此時，祂已是台灣本地鸞堂鸞生及關公信徒的重要信仰之一。甚至，回傳到大陸，影響了關公信徒的認知。

我以為，「鸞」是此神話的「催生者」；如果沒有「扶鸞造經，就沒有關聖帝君坐上凌霄寶殿寶座掌天盤、統理眾神仙」的神蹟。

今日，身為沐恩鸞下者理應理解「扶鸞造神論」的動力。因為，它形塑了「關帝晉升為玉皇大帝」這項鸞門宗教發展史的新信仰命題。而此論述，也為「封神論」再創造一新的類型。

從清初到民國61年，兩岸兩地民間宗教中的鸞堂，分別用扶鸞創造許多與關帝有關的經典，而成就了關帝成為天公。

清初的《桃園明聖經》，已透露關公為玉帝的助手。指出關帝為玉帝的「首

相」;民國的《洞冥寶記》、《高上玉皇普度尊經》及《玉皇普度聖經》則直接說出，祂榮升為第十八代天公－玉皇大帝。

這些經典，不斷論證關帝由「偉人神」轉化為「自然神」，再變成眾神之首的玉皇大帝。這種說法已成為台灣地區以恩主公為主神的鸞堂系統及部分關公廟宇信仰者，共同信仰與內心認同。

首先，《關聖帝君應驗桃園明聖經》中的〈寶誥〉：

「太上神威，英文雄武，精忠大義，高節清廉，『運協皇圖』，德崇演正，掌儒、釋、道教之權，管天、地、人才之柄，上司三十六天星辰雲漢，下轄七十二地冥壘幽酆。秉註生功德，延壽丹書；執定死罪過，奪命黑籍。考察諸佛諸神，監制群仙群職。高證妙果，無量度人。」

此經文的意涵指出關聖帝君的職與範圍，負責「協助」玉皇大帝。掌理儒、釋、道教三教的教務；統理天庭、人間與土地。36重天的星辰，72方的土地幽靈、酆都眾鬼。

考核世間人之功過，判定有功德者，註生、延壽；有罪惡者，註死、奪命。也要考校諸神、仙、佛，是否盡其本職。證實不可思議的果報，不可思量的度化蒼生。

此時，祂再也不是單純的軍人崇拜的武神，文人祭祀的文昌神，協助警察破

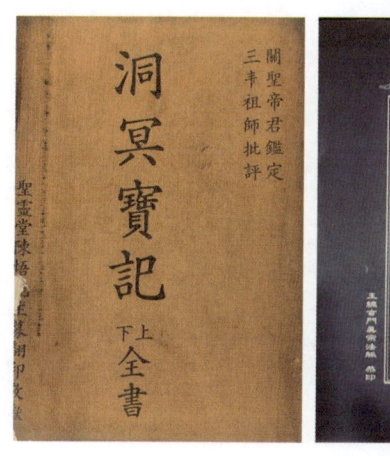

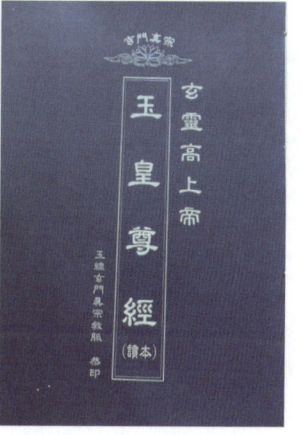

這三本經皆指出關帝榮升為天公

案之神，商人求錢的財神，和農夫祈求豐收的雨神。祂已經升格為玉皇大帝的左右手，協助玉帝管理神、人、鬼三界的事務。

此經典意涵，「協助玉皇」的神格，比較符合明朝神宗皇帝封關帝為「『協天』護國忠義大帝」。「管理天、地、人三才」的神格，也符合祂為「『三界伏魔』大帝神威遠震天尊關聖帝君」的聖號。

經典中的關帝，既「協助」玉皇大帝，又管理「三界」。使關帝的神格再次提昇，職能再度擴張。

再者，《關聖帝君應驗桃園明聖經》裡的〈南天文衡聖帝關恩主寶誥〉，則直接點明關聖帝君為玉皇大帝的「首相」：

「至靈、至聖、至上、至尊忠孝祖師，伏魔大帝關聖帝君；大悲、大願、大聖、大慈，玉帝殿前『首相』，真元顯應昭明翊漢天尊。」

由此《明聖經》裡的〈寶誥〉，具體指出關帝已經昇任凌霄寶殿玉帝座前的「首相」。換言之，此時的關帝已經是在玉帝「一神之下，眾神之上」的最高階神祇。

此項說法，隨著明聖經廣為流傳，從清朝發展到民國，引為信仰者的美談。關公為玉帝座前首相的說法，對於祂成為玉皇大帝只差一小步。如果再有新的經

儒宗神教用神主牌代表天帝（左）、天帝教用光幕象徵天帝

典出現，就可以協助關帝這尊偉人神跨越鴻溝，邁向自然神中眾神之首的玉皇大帝寶座。

第三，信仰者這種期待終於得到體現，在「新版」的《桃園明聖經》〈聖帝新寶誥〉中，直接說出關公榮登第十八代玉皇大帝：

礁溪協天廟保留關聖帝君的神主牌

「精忠大義，雄武英文。在三分國祚之時，漢賊豈容兩立。建萬世人臣之極，馨香自足千秋。精靈充塞於古今，至剛至大。誓願挽回夫劫數，存道存人。御宇蒼穹，任十八天皇而繼統。

執符金闕，渾三千世界於括囊。孰主宰，孰綱維，赫赫大圜在上。自東西，自南北，隆隆祖氣朝元。作聖賢仙佛之君師，卅六天誕登大寶。主升降隆污之運會，十萬劫普渡慈航。

佛證蓋天，恩罩曠劫。大悲大願，大聖大慈，太平開天，普渡皇靈，中天至聖，仁義古佛，玉皇大天尊，玄靈高上帝。」

在此新寶誥出現之前，事實上，已經有三本經典陳明關公成為玉皇大帝的宗教信仰論述。

因此，《桃園明聖經》裡的〈新寶誥〉理應是承接過去明聖經聖帝寶誥中的說法，直接將關帝為玉皇大帝首相的「事實」（reality）升格。

經典促使關公成為天公

台灣大學博士 謝政修

台中聖賢堂扶乩降筆再次確認五教教主共推關帝為玉帝

　　關聖帝君受眾神推薦成為玉皇大天尊的過程，被紀錄在多本鸞書之中。歸納起來有三次重要的時間點。一是民國初年，先天道鸞堂扶鸞著造的《玉皇普度尊經》，二是民國17年，雲南鸞堂三教商議關帝成玉帝的說法，代表鸞書為《洞冥寶記》。最後是民國60年，由臺中聖賢堂降筆，有五教共推關帝繼位玉帝之說，代表鸞書為《關聖帝君受禪玉帝經略》。

1.《高上玉皇普度尊經》：龍華收圓，萬聖之王

　　此經寫元始天尊、大成至聖以及釋迦文佛率領三教仙神，上朝無極天尊。發現南瞻

大溪齋明寺為齋教的齋堂

部洲紅光雜黑，得知「三龍將至，運數將周。皇胎靈種，不日將歸。」意思是龍華會將要圓滿，劫運將至，人世間沈迷的眾人將會回歸無極。（「龍華會」，本出自佛教，據釋迦牟尼所言，在佛陀滅度五十六億年後，彌勒菩薩將從兜率天下生人間，出家求道，並在龍華樹下成道，將大興說法，三次法會度無量眾生。民間宗教則吸收了此一說法，發展出三期末劫說，此經即是一例。）因此，無極天尊請三教共議，必須選擇一神統攝三界，管束萬靈。

三教教主在研議之後，共推關聖大帝擔當此大任，認為關聖帝君「主持三教功深厚」、「累劫行功超三界」，因此能夠作為諸尊之師、萬聖之主，接任玉皇大帝的職位，統理眾神，引度眾生。

2.《洞冥寶記》：闡幽冥之理，繼凌霄之位

《洞冥寶記》內容近似廣傳民間的《玉曆寶鈔》，記述在世行惡之人於幽冥地獄受苦的情形。「洞冥」，有「洞悉幽冥」的意思，告訴世人因果報應的真相。《洞冥寶記》中，玉皇大帝深感人民罪惡深重，打算降下大劫，五聖（關聖帝君、文昌帝君、呂祖、復聖顏帝、觀音大士）得知後，齊心哀求天帝，願承擔教化之。關聖帝君因為誓願，決定降下奇書（即《洞冥寶記》）讓世人改邪歸正，因此召開萬仙會議，頒布此書，並降於雲南洱源縣，由李復誠等人率領的鸞堂。（見《洞冥寶記》第二回）

《玉皇普度尊經》宣稱三教教主推關帝為天公

關聖帝君不僅累劫教化，再因降下《洞冥寶記》，功德赫赫，三教之主愈加欽敬，因此共推關聖帝君為新一任的玉皇大帝，老母同意宣旨：「老母准旨，下議萬仙，宜擇賢良，登庸受禪。三教聖人，推舉關帝，眾仙額首稱慶。」（見《洞冥寶記》第三十七回）。關聖帝君也在上元甲子年繼位大任，於凌霄寶殿受群神恭賀，並由老母宣布為「蒼穹第十八聖主」，號為「武哲天皇上帝」。

3.《關聖帝君受禪玉帝經略》：五教共推，九五之尊

民國六十年左右，臺中聖賢堂降筆，於鸞書中再次提及關聖帝君繼任玉皇大帝之事，《關聖帝君受禪玉帝經略》即是其中一部經典。

眾神推舉關聖帝君繼任玉皇大帝的原因、過程皆與上述相近，只是「三教共議」，成為了「五教共推」，並指出關聖帝君接任玉皇大天尊，號玄靈高上帝，內容茲錄如下：「於是儒、道、釋、耶、回五教教尊同聲而言曰：『惟此季世，受禪天皇，非通明首相關聖帝君不足膺此重任。……自洪濛以至今日，屢屢分身下降人間，為蒼生之標榜，作皇朝之棟樑，五常八德，文武雙全，唯有通明首相而已，舍此，其誰與比倫。』五教教尊乃奉誥命，選舉關聖帝君為十八代玉皇大天尊玄靈高上帝。通明首相，雖再三不敢受命，但誥命難違，乃至甲子年（西元1863年）元旦，受禪登九五之尊，至今（西元1973年）已110年矣。」

關公夜讀《春秋》到成神為武聖，最後再封為文聖－玄靈高玉皇大天尊

鸞經促使關公成天公

淡江大學博士生 王心伶

關帝經典不斷提升關帝神格為天公

　　關公成為第十八代玄靈高玉皇大天尊的依據，主要可以依據幾部經典來看，讓關公由偉人神轉化為自然神，也讓台灣地區以恩主公為主神的鸞堂系統，與部分關公廟宇信仰者內心的信仰態度獲得認同，這樣的論點形成主要是扶鸞儀式的扶鸞經典中。

　　扶鸞經到底有哪幾部呢？經歷明、清兩個朝代至民國61年中，目前總共可以從5部經典中了解到，關公成為第十八代玄靈高玉皇大天尊的依據，也符合傳統士大夫官位的爬昇，更符合我們一般人對人生及工作的歷練態度，關公從成為天公的助手開始，到成為天公座前的首相，最後成為我們目知曉的第十八代玄靈高玉皇大天尊，讓我們來看看這幾部扶鸞經典道出了什麼樣的訊息。

　　第一部經典是明朝末年出現的《三界伏魔關聖帝君忠孝忠義真經》「太上神威，英文雄武，精忠大義，高節清廉，『運協皇圖』，德崇演正，掌儒釋道教之權，管天地人才之柄，上司三十六天星辰雲漢，下轄七十二地冥壘幽酆。秉註生功德，延壽丹書；執定生罪過，奪命黑籍。考察諸佛諸神，監制群仙群職。高證妙果，無量度人。」

職責為協助玉皇大帝管理三界，包含眾神、一般的世人與諸鬼，並且儒、釋、道教三教的教務也交由祂處理，監督管理的範圍上至天庭，下至人間與地獄，擁有定人生死，考察諸仙佛是否失職的職權。

第二部經典為清朝的《關聖帝君應驗桃園明聖經》「至靈、至聖、至上、至尊忠孝祖師，伏魔大帝關聖帝君；大悲、大願、大聖、大慈，玉帝殿前『首相』，真元顯應昭明翊漢天尊。」

具體指出祂成為玉皇大帝凌霄寶殿上最重要的首相。「新版」的《桃園明聖經》〈聖帝新寶誥〉中，更直接說出關公榮登第十八代天公。寶誥中說明此項過程：

「精中大義，雄武英文。在三分國祚之時，漢賊豈容兩立。建萬世人臣之極，馨香自足千秋。精靈衝塞於古今，至剛至大。誓願挽回夫劫數，存道存人。御宇蒼穹，任十八天皇而繼統。執符金闕，渾三千世界於於括囊。孰主宰，孰綱維，赫赫大圜在上。自東西，自南北，隆隆祖氣朝元。作聖賢仙佛之君，卅六天誕登大寶。主升降隆污之運會，十萬劫普渡慈航。佛証蓋天，恩覃曠劫。大悲大願，大聖大慈，太平開天，普渡黃靈，中天至聖，仁義古佛，玉皇大天尊，玄靈高上帝。」

第三、四、五部經典，在民國時期分別指出關公成為天公的鸞文經典，分別是《洞冥寶記》、《玉皇普度尊經》與《玉皇普度聖經》。

《洞冥寶記》在民國13年「洱源紹善壇」透過扶鸞將關公再次提昇神格，晉升為玉皇大帝，成為萬神之王。

「有皇上帝，多年御世，歷數難稽，髮期已倦於勤，禪代和符乎數。然非有赫赫之大聖，不足以鎮穆穆之玄穹。恭維太上神威，蓋天古佛，三界伏魔，協天大帝，大成義聖，護國翊運天尊關聖帝軍殿下」。「管天地之人之柄，掌儒釋道三教之權。上司三十六天星辰雲漢，下轄七十二地冥壘幽酆。考察諸佛諸神。監製群仙群職。卓哉允文允武，傳矣至聖至尊。迺本歲上元甲子元辰，供奉老母慈命，升調上皇，召回西天同享極樂。及以我勝帝鑽承大統，正位凌霄。特上尊號曰：『蒼穹第十八聖主武哲天皇上帝』。」

經典對關公掌天盤的論述表

項目 經典	時間	至高神	教主	授禪職稱	先前職位
忠義經	明末	-	-	三界伏魔關聖帝君	協助玉帝管理三界
明聖經	清初	-	-	玉帝首相	伏魔大帝
洞冥寶記	1924	老母	三教教主共推	蒼穹第十八代聖主武則天皇上帝	護國關聖帝君
玉皇普度尊經	1927	無極天尊	三教教主共推	玉皇大帝	通明首相
玉皇普度聖經	1972	-	五教教主共推	玉皇大天尊玄靈高上帝	蒼穹天皇

《玉皇普度尊經》民國16年「昆明洗心堂」出版的《高上玉皇普度尊經》，詳細說明關公被三教教主推薦，在無極天尊面前再三辭讓，最後終於登基擔任玉皇大帝。

「在無極天尊面前接受道教元始天尊、儒家大成至聖先師與佛教牟尼文佛三教教主的推薦，在此道德衰退的季世，唯有通明首相（關公）道根深重、聰明穎異、文武雙全、功德昌盛，堪作諸神尊之師，萬聖之王，能應任玉皇大帝寶座。然而關公得知三教教主的推薦後誠惶誠恐、稽首頓首，叩謝無極天尊提攜之德，再三退讓。……三教道主奉命薦舉，伏願首相唯命是從。……於是帝君欲辭無言，上朝無極天尊。」

《玉皇普度聖經》民國61年出現在台灣「台中聖賢堂」扶出《玉皇普度聖經》，關公被五教教主推薦，受禪為天公。

「今著《玉皇普度聖經》者，乃蒼穹天皇，由儒道釋耶回五教教主，共議選舉關聖，於甲子年元旦，受禪為第十八代玉皇大帝位，其尊號約：玉皇大帝天尊玄靈高上帝，統御諸天、管轄萬靈、掌理三界十方、撫綏天下生民，並及九幽六道，今玉帝為普渡天下蒼生、特敕命者作《玉皇普度聖經》，以教化為普渡之本，此經之著，務使誦者易誦，讀者易讀，並易了悟經意奉行，冀能收到普化之效而著作者。」

以上五部扶鸞經典敘述著關公成為天公的過程，當然也有其他的教派不太認同，但關公成為天公的形象也深深植入信仰者的心中。

3-1-3 關公執掌天盤，成為玉皇大帝的意義

經典使關帝掌天盤

淡江大學教授 張家麟

台中聖賢堂三恩主關帝、呂祖與玄帝

最早指出關帝成為玉皇，當屬民國時期的《洞冥寶記》；之後，又有《高上玉皇普度尊經》及《玉皇普度聖經》說出此神話。

本地的三（五）恩主信仰，尊關公（呂祖）為主神，以扶鸞為濟世之方，構成了鸞堂系統。承接明、清兩代時關帝為玉帝座前首相的神格。到了民國，聽聞關公掌天盤，莫不歡欣雀躍。

最早一次提此論述，是為民國 13 年（1924）大陸軍閥割據，天下兵燹、荼毒蒼生。雲南昆明「洱源紹善壇」，透過扶鸞宣稱，三教教主共推關帝掌凌霄寶殿。藉此撥亂反正，拯救群黎。

在《洞冥寶記》第十卷三十八回中指出，第十七代玉皇大帝上表辭職，老母允許，召開三教聖人會議，儒教孔子、佛教佛陀、道教道祖三人，乃公推關聖居攝凌霄寶殿。

於甲子年（民國 13 年，1924 年）元旦受禪登基，繼任為蒼穹第十八代聖主－

無極老母與無極天尊源自羅教,被一貫道或無極天元宮奉為最高神

玄靈高玉皇大天尊。在寶記中指出:

「有皇上帝,多年御世,歷數難稽,髦期已倦於勤,禪代合符乎數。然非有赫赫之大聖,不足以鎮穆穆之玄穹。恭維太上神威,蓋天古佛,三界伏魔,協天大帝,大成義聖,護國翊運天尊關聖帝君殿下」。

「管天地人三才之柄,掌儒釋道三教之權。上司三十六天星辰雲漢,下轄七十二地土壘幽酆。考察諸佛諸神。監制群仙群職。卓哉允文允武,偉矣至聖至尊。

迺本歲上元甲子元辰,供奉老母慈命,升調上皇,召回西天同享極樂。即以我聖帝纘承大統,正位凌霄。特上尊號曰:『蒼穹第十八聖主武哲天皇上帝』。」

在《洞冥寶記》中,首次記載關公成為第18代「聖主武哲天皇」的神職。關帝終於跨越了偉人神的極限,成為華人民間宗教自然神中的眾神之主-玉皇大帝。祂身著人世間皇帝的九龍官袍,頭戴冠冕,手持玉笏,此為關帝的新造型。

《高上玉皇普度尊經》民國16年(1927),再次確認關帝為玉皇大帝。

這也是在雲南「昆明洗心堂」,扶鸞造經、出版的新經典。詳細說明關帝被儒、釋、道等三教教主推薦,祂在無極天尊面前再三辭讓。最後,祂終於登基擔任玉皇大帝。

此經文,再次強化關帝成為玉帝的「事實」:

「在無極天尊面前,接受道教元始天尊、儒家大成至聖先師與佛教牟尼文佛

三教教主的推薦。在此道德衰退的季世，唯有通明首相（關公）道根深重、聰明穎異、文武雙全、功德昌盛，堪作諸神尊之師，萬聖之王，能應任玉皇大帝寶座。

然而關公得知三教教主的推薦後誠惶誠恐、稽首頓首，叩謝無極天尊提攜之德，再三退讓。……三教道主奉命薦舉，伏願首相唯命是從。……於是帝君欲辭無言，上朝無極天尊。」

此經與《洞冥寶記》雷同之處，如下列三點：

（1）三教教主共推關公成為天公；

（2）唯關公之賢能，足承擔此寶座；

（3）玉皇大帝是輪流擔任。

就其兩經典的本質來看：三教教主共推關帝為玉帝的內涵一致。兩經前後呼應，咸信關聖帝君確實已經成為玉帝。然而，大陸乩堂為關帝造神運動告一段落；輪到台灣鸞堂推動此神話，出現第三次扶鸞神諭。

台灣的《玉皇普度聖經》，三度確認關帝為玉皇。

第三次，經典確認關公為玉皇，是在台灣「台中聖賢堂」民國61年（1972）扶出《玉皇普度聖經》。

此次，經典中說出，五教教主推薦關公為玉皇大天尊玄靈高上帝的「事實」：

「今著《玉皇普度聖經》者，乃蒼穹天皇，由儒、道、釋、耶、回五教教主，共議選舉關聖，於甲子年元旦，受禪為第十八代玉皇大帝位，其尊號曰：玉皇大天尊玄靈高上帝。

統御諸天、管轄萬靈、掌理三界十方、撫綏天下生民，並及九幽六道。今玉帝為普渡天下蒼生、特敕命著作《玉皇普度聖經》，以教化為普渡之本。此經之著，務使誦者易誦，讀者易讀，並易了悟經意奉行，冀能收到普化之效而著作者。」

這些鸞文與經典皆指出關公已成為第十八代玉皇大帝，只是在成為玉皇大帝的細節上有些差異。

比較這些經文可以發現具體的差異如下：

一、至高神主導

《洞冥寶記》指出關公是經由老母的同意接掌玉皇大帝的寶座,在《玉皇普度尊經》則指出是經由無極天尊同意後接掌玉皇大帝的寶座,而《玉皇普度聖經》中並無此項論述。

二、教主共推

《洞冥寶記》與《玉皇普度尊經》都指出關公接掌儒、釋、道三教之權,由三教教主推薦;而在《玉皇普度聖經》擴張為儒、道、釋、耶、回五教教主推選。

三、謙虛受禪

《洞冥寶記》並無受禪的說法,而在《玉皇普度尊經》與《玉皇普度聖經》皆有受禪之說。尤其在《玉皇普度尊經》中關公向眾神謙讓再三後,才受禪為第十八代玉皇大帝。

四、接掌天盤

《洞冥寶記》宣稱關公於民國13年(1924)升調玉皇大帝,而《玉皇普度聖經》的經文註釋中卻說關公早在民國前48年(1864)即接掌玉皇大帝之位。《玉皇普度尊經》則遲至民國61年(1972)才接位。

五、接掌天盤前職位

《洞冥寶記》宣稱關公為「協天大帝」;《玉皇普度聖經》則稱關公為「通明首相」;《玉皇普度尊經》只說關公統御諸天、管轄萬靈、掌理三界十方、撫綏天下生民,並及九幽六道。

關公在民國不同時期,由大陸、台灣兩地不同鸞堂之鸞手,三次著造經典,都指證祂已經成為玉皇大帝。雖然,經文中出現部分之差異;但是,並未妨礙關公成為玉皇大帝的神格主軸。

就信仰者而言,他們不一定在意、也不明白關公成為玉皇大帝的細節。他們比較關心十八代玉皇大帝的寶座,是否輪到關公來擔任。

此信仰神話,在「信者恆信」的情結下,鸞門的信徒及鸞生樂見其成。

末世救劫論成就關公為玉帝

台灣大學博士 謝政修

關公透過扶鸞封神，成為執掌天盤之玉皇大帝，從學界的觀點來看，是關公信仰發展的另一階段，是清代以來作為降筆救劫主神後神格的再次攀升，而這一現象的背後，其實是歷史因素與文化因素交織的結果。

1.關公成玉皇的歷史因素

學者曾梳理了民國時期「關帝當玉皇」傳說的框架和三種不同來源。其基本的架構是玉皇大帝在「庚子年」（道光庚子1840年，或光緒庚子年1900年，這兩年中國都遭遇外敵入侵的劫難）看到世人道德敗壞，所以要降下大劫毀滅人類，於是關帝懇求玉帝，渴望透過飛鸞闡教，此後關帝因功繼任為新的玉皇大帝

彌勒佛為白陽期救劫大神

關帝的「庚子救劫」運動，不少學者認為起於四川境內一個重要的扶鸞祠堂「龍女寺」。日本學者武內房司認為發源於龍女寺的「庚子救劫」運動與咸豐、同治年間四川南部和貴州境內的「號軍」抗糧暴動有關。暴動宣傳的末劫觀念，隨著當地原有的聖諭宣講組織和鸞堂系統傳播，隨後形成了宗教界這一聲勢浩大的「庚子救劫」運動。

所以，在神學上的論述，是因為道德淪喪，玉帝震怒而降下大劫，關帝懇求再行開化；但在實際的社會歷史背景上，其實正面臨著極大危難，人心惶惶。神學論述與歷史因素結合，是信仰發展常見的一個現象，歷史上有諸多的案例。在變動之中，往往能創造出新的內涵，開闢新的神學視野，關公成玉帝也是一個例

子。

2.關公成玉皇的文化因素

關公成玉皇的另一層意義,必須回到關公信仰本身。在清代三相救劫的論述下,最後為何是關公脫穎而出,成為率領眾神救劫度難的主尊,甚至是成為新一任的玉帝?這必須回到末劫論述中,關公在信仰上、社會上所發揮的意義。

末劫的論述,最主要的原因就是「道德淪喪」,那麼要化解災難,勢必就是要「重整道德」。從上述關公信仰的發展史,我們可以發現關公不僅累積了深厚的信仰基礎、跨越三教,在清代更被視為聖者的象徵。因此,關公不僅有崇高的神格地位、有廣大的信仰基礎,同時也能夠連接中國儒家文化的底蘊,象徵人倫綱常,無疑是劫難、動亂之中,重整人心社會的不二人選。從這個角度而論,關帝代表眾神祈請玉帝,最終升至為玉帝,其實有其邏輯性與必然性,有種水到渠成的意味。

國際著名宗教研究學者高萬桑(Vincent Goossaert)對此也提出了相關的看法。清代以來,由知識份子或民間鸞堂所引領的宗教救劫,它表現出更為世俗化與日常化的一面,重點的訴求不在劫難本身或是強調救世者的降臨,而是透過天災人禍等威脅,喚起眾人的道德情感,維持社會的秩序,而能感召大家內心當中的德性精神。這樣的看法,很能與玄門真宗在現代社會推動「五常法要」來濟世彼此呼應。

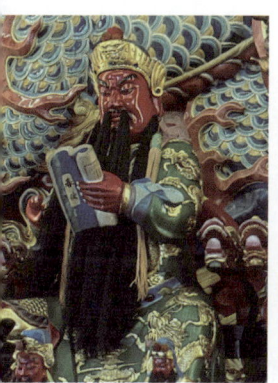

關帝、呂祖、文昌、觀音為鸞堂「末世救劫」的神明

3-1-4 關公成為玉皇大帝後，其功能為何？
救劫・濟世・勸善與修行

淡江大學教授 張家麟

玄門真宗門生以九龍九鳳為化身，到世間濟世救劫

天公 - 玉皇大帝由關公來擔任，隱含「由人成自然神」、「自然神擬人化」、「關公昇至最高神」、「關公掌天盤、救亂世」等，複雜的漢人神譜學與功能觀。

就神譜學來看：漢人多神論中，有「人死成鬼，鬼轉化為神」的論證。

可再細分「陰廟神」系統：包含厲、大眾爺、大墓公、有應公、老大公、一般義民爺等。其次，「顯靈神話神」系統：包含天上聖母媽祖、順天聖母陳靖姑、132 個姓氏王爺及許遜、孫思邈、吳本三真人等。

第三，是與關公有關的「功國偉人神」系統：包含文廟中的孔子及其門徒、歷代儒者；武廟中的姜子牙、管仲、張良、范蠡、張巡、許遠、岳飛、褒忠義民爺等武將及國父、蔣介石、當代國民革命烈士。

在這些人中，死後成神；有些與「自然神」連結，封為自然神。如堯、舜、禹被民間尊為「天官、地官、水官」三官大帝；大禹尚與項羽、李白、王勃、伍員、屈原等人，並列為「水仙尊王」。管仲被封為「丙申年太歲」，周朝稅官張福德

成為土地神祇。

由此看來，關公成為天公，似無不可。再加上神像取代神主牌，成為漢人廟宇崇祀之神聖物，自然神、器物神也就「擬人化」了！上述的三官大帝、水仙王、太歲星君、土地神祇等自然神，加上城隍爺、灶王爺等器物神；無一不是被塑「人型」，用來取代神主，也象徵無形狀的自然神。

也因此，關公成為玉皇大帝後，信徒、執事、雕塑神像師傅，也要幫祂戴上流蘇冠冕，穿上九龍九鳳帝袍。取代原來的玉皇上帝，端坐在凌霄寶殿上，供人景仰、敬拜。

再者，看「關公昇至最高神」的意涵。

在清朝以前的關公，由壯繆侯到忠烈王，再由忠烈王升到武成王之首，再從關王晉升到關聖帝君、三界伏魔大帝、文衡聖帝。這些位階中，以只是「帝」為最高，但並非凌駕眾神、帝之上。

直到民國，扶乩造經，經典內容論證，提昇祂的神格到眾神仙之首-玉皇大帝。此際的關公，在三教或五教教主共推下，祂勉為其難的恭敬登基。成為祂在三國殉死後，1900餘年宗教神譜史的演化，登上凌霄寶殿的寶座。

最後，看「關公掌天盤、救亂世」的功能。

明朝中葉羅清（1442-1527）創立羅教，其《五部六冊》創造了「三期末世，彌勒救劫」之論述。影響了之後的一貫道、先天道、金幢派、龍華派，甚至也影

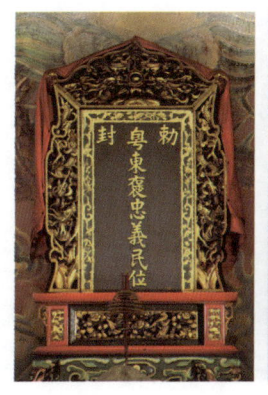

功國偉人神：褒忠義民爺、岳飛、孔子、管仲

響了民間乩堂。

部分鸞堂的降文，刊行的善書，將之「末世論」拯救蒼生之神，由彌勒佛轉化嫁接成由關聖帝君。由祂掌天盤，救亂世、拯黎民於水、火、疫、兵災。常以玄穹高或玄靈高玉皇大天尊的勅令，降乩造經，飛鸞度眾，教化眾生。

在此脈絡下，二次戰後，國府初期；台灣政治、經濟局勢動盪，社會、民心不安。鸞堂中的關帝，既為恩主公，也是玉帝。祂與三教仙佛列聖輪流登台降筆，書寫充滿儒教道德律，民間儒教的成神論、修行觀，道、釋兩教的意理，用來勸善、濟世。

其中，尚有一項重點，即是玉帝常以拯救蒼生的口吻，說出刊行善書總體功能：主要是在於「三期末劫」當下，揮鸞「教化眾生」，玉帝「憐惜沐恩鸞下」，負責「普度收圓」。

由此看來，關公成玉帝、化為天公，不僅是儒教教導信徒法天之「終身學習主義」：「君子法天行健，以自強不息乎！」也不僅僅要具「利他主義」，祈天帶來「風調雨順，國泰民安」之功能。

祂更重要的是引導信徒投入「修行主義」，自修度人：「面對末世，得勸善修行，始可化劫化災，才能普度收圓到今生的人間淨土，或到未來的圓融國度」。

顯靈神話神：陳靖姑與媽祖　　　　　自然神：天、地、水神化身為三官大帝

度化人心・皈證圓融

台中教育大學教授 龔昶元

彰化花壇玄門山圓融法台

　　關公成為玉皇大帝的主要脈絡最早之論述，為民國13年在雲南昆明的「洱源紹善壇」，透過扶鸞宣稱，三教教主共推關帝掌凌霄寶殿，藉此撥亂反正，拯救群黎。接著，民國16年《高上玉皇普度尊經》，再次出現確認關聖帝君為玉皇大帝的記載。民國61年，台灣「台中聖賢堂」扶鸞《玉皇普度聖經》神諭經典指出五教教主推薦關公為玉皇大天尊玄靈高上帝的內容。綜合上述，民國不同時期，大陸、台灣兩地不同鸞堂之鸞手，三次扶鸞經典，都指證關公已經受眾神擁戴，成為玉皇大帝。經文中皆明確指出關公承擔重任，成為玉皇大帝的神格主軸。

　　在經典裡，最先指出關公成為玉皇大帝是《洞冥寶記》的記載，在「新版」的《桃園明聖經》〈聖帝新寶誥〉中，直接點出關公成為第十八代玉皇大帝。《高上玉皇普度尊經》及《玉皇普度聖經》等經典皆先後指出關公已經成為玉皇大帝。

　　經過中國歷朝皇帝的加封、推崇、民間的祭祀，關公神威的顯靈流傳，歷年來的演變，關聖帝君的神格在華人信仰文化角色，已成為為儒、釋、道三教與民間宗教的神祇；關公的職能擴張為承擔諸多功能護佑眾生的全能神祇（統理天庭、人間與土地。36重天的星辰，72方的土地幽靈、酆都眾鬼）。具體而言，關公的信仰範圍擴張成為全球華人信仰文化中的多能神，可解決民間的疾苦與困難，護

佑眾生平安，離苦得樂，度化人心，回應社會困境。而「蒙各道尊之推，符道盤薪授」，榮登「玉皇大天尊之爵授」之後，帝君正頒「玄靈高上帝」許下大誓願，成就無極大圓融天，咸令冥陽靈祇皆能「三世因果一世清了」。依據「玄靈高上帝大誓願」可知，關聖帝君榮登玉皇大帝乃是「符當下時運新契」，即是順天應人，時勢潮流所趨，符合眾生之所願，而玄靈高上帝的職能（功能）乃是承擔推動「眾生入皈三綱五常節義，入證圓融國度」成證「符時局之忠孝節義」之功能。

因此，在關聖帝君成為玉皇大帝，其功能在於以天尊玉皇之尊，透過九龍九鳳各司其職，渡化億萬眾生，使關帝五常德「仁、義、禮、智、信」以現代的意義深植在信眾內心，建立人間樂土，同登圓融國度。綜上所述，關公受眾神擁戴成為第十八代玉皇大帝掌理天盤之後，神格功能更加擴大，正如「誓願」所述由帝君身上轉出之「九龍九鳳」，如帝君上帝之身，進而擔司「大責大誓」，以「大願為志」，成就人間教門「中華玉線玄門真宗」，執行廣傳「五常德教義」以慰帝君，為人間信眾傳承一盞登階「圓融國度」共享「萬萬鴻福」之明燈，使萬億信眾擁有依循的光明正向力量，成就篤定的自己，不致失依。此為關聖帝君成為玉皇大帝之後功能擴大，任重道遠，恩德無遠弗屆之神格功能從而顯現。

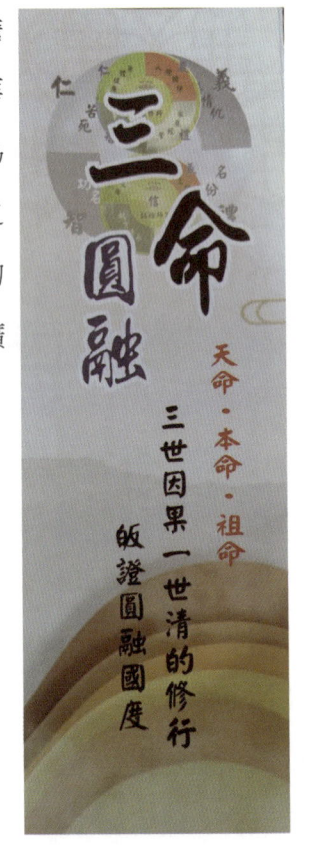

玄門真宗門生為九龍九鳳的化身，修「三命圓融」來濟世、度世

信仰推廣‧宗教教化

輔仁大學博士生 王致傑

關公成神、成帝，神格的轉變讓祂從儒、釋、道三教與民間宗教信仰神祇，到軍人、警察、讀書人、幫會、商人等的守護神，以及中國北方地方百姓傳為美談的「雨神」等具有特定功能而護佑的神祇，更甚歷代皇帝的加封成帝，最後透過扶鸞儀式所創造出的多部經典當中指示出，將關聖帝君的神格上昇至第十八代天公－「玄靈高上帝」。

從關聖帝君其神格與職能不斷擴張的脈絡（context）來理解，其信仰者不只侷限於儒釋道三教，更偏佈在華人宗教領域的範圍當中，關聖帝君儼然成為華人宗教領域下相當具有代表性的神明之

高雄意誠堂以關帝為主神

一，那麼在這樣的信仰體系背景當中，其信仰者越來越相信自然神的玉皇大帝由關聖帝君來出任，自然就可以得到合理的解答，也突顯了以下幾點功能：

1.關聖帝君成為三界共主，顯示對華人宗教的影響力

當關聖帝君成為玉帝，其功能從守護神、武財神、文衡聖帝、雨神等多功能神祇，以及象徵忠義氣節精神的忠義大神，上昇至掌管神、人、鬼三界事務，並經由扶鸞儀式所創造的多部經典再次確認，包含《三界伏魔關聖帝君忠孝忠義真經》、《關聖帝君應驗桃園明聖經》、《洞冥寶記》、《玉皇普度尊經》與《玉皇普度聖經》等扶鸞經典，先後描述關聖帝君成為玉帝的論述提供證明與依據，並清楚詳述關聖帝君登基的過程與其掌管司職的職權範圍，即使在不同的時空背景當中，由扶鸞儀式神祇降鸞寫出不同的鸞文與經典，開創出關聖帝君成為天公

的「共同事實」，一方面滿足信仰者的心理，其信仰的關聖帝君成為眾神之主；另一方面也傳遞出關聖帝君為儒釋道三教、民間宗教信仰當中的重要神祇，在華人宗教信仰當中具有相當代表性的地位。

儘管其他的宗教領袖對關聖帝君成為玉帝的論述存有不同的看法，反而更增強了信仰者對關聖帝君崇敬的心理，即便關聖成為玉帝的論述有著各自表述的意見，但也足見關聖帝君對華人宗教圈的影響力。

2. 帶動鸞堂信仰的認識與推廣

當鸞堂扶出多部經典為關聖帝君成玉皇上帝提供依據與證明，也帶動其信仰者以及對關聖帝君有所認識的民眾，對鸞堂系統有更多的認識並可能為其心理產生吸引力，當鸞手扶出多部經典昭示關聖帝君升格為玉皇大帝，也讓關聖帝君的信仰者有機會進一步瞭解鸞堂系統的背景與文化，每當神祇降鸞用鸞文開示，時以短文開示、時以詩句教化，在工整文句當中隱含教化的意義，使人如沐春風，如神臨在，有別於乩童而呈現的「鸞手」，享有著「文鸞武乩」的美談。透過一次次在神秘經驗引導下的鸞手，為信仰者指點迷津，或扶鸞出經典使信仰者讀誦，以達到濟世教化的功能。

多年下來，扶鸞所累積下來的紀錄與日俱增，其影響力逐漸擴張，受到華人功德觀的影響，信仰者集資，由廟方主導，整理多年下來扶鸞而出的開示內容並集合成冊，又或邀請專家學者分析、討論其教育與社會意義刊行上述善書，皆由信仰者發心回饋給關聖帝君，親身參與將關聖帝君所教化之道德律、善知識，推廣給更多親朋好友，無論關聖帝君是否已成為玉皇大帝，在其信仰者的心中早已佔有一份重要的地位。

玄門真宗鸞手以「聖鸞」作為修行

3-1-5 信徒深信關公成為玉皇大帝，如何為祂代天宣化
關公信仰與社會需求結合

淡江大學教授 張家麟

慈濟法師具有遠見，值得學習

視關公為玉皇大帝的教派領袖，應該是要認知自己的宣教神聖使命。

我認為：「天不言，關公不語」，唯靠領袖代玉帝、代關公、代玄靈高玉皇大天尊說話、行動。因此，這項使命非比尋常，理應順天應人，符合當代社會的人心困境，導正偏差的人慾私利。

為了落實此舉措，少不了「遠見」、「理解需求」、「化解困境」、「宣教」、「組織」能力等條件。

在「遠見」部分：

端賴領袖從宗教神學中萃取出願景。一、以慈濟證嚴上人為例：她以「善門」入佛。再憑其直覺逐漸堆疊慈善、醫療、教育、人文「四大志業」。且將之擴張增加國際賑災、骨髓捐贈、環保、社區志工，而成「八大法印」。

二、再以法鼓聖嚴法師為例：他以「觀音法門」入佛，再憑其視野開設法鼓山。以提昇人的品質，建設人間淨土為理念。用奉獻我們自己，成就社會大眾為精神。用回歸佛陀本懷，推動世界淨化為方針。以提倡全面教育，落實整體關懷為方法。

三、以玄門真宗玄興教尊為例：他以「登聖鸞」臻圓融國度，重新詮釋「五常德」。將之貫穿「天命、本命、祖命」，作為自修、度眾的目標。又分聖、凡兩軌修行，以達三命圓融之境。

在「理解需求」部分：

領袖帶領的團隊，得理解當下社會的需求在那裏。以台灣為例，老人健康化、兒少照護、個人主義抬頭、資本主義發展、民主人權成普世價值、AI及第四次工業革命誕生，這些社會需求已經來臨。

傳統宗教再也不能苦守傳統，而是能思考如何「與時俱進」，與之融入，加以運用AI、網路科技。唯有宗教能帶領社會走出物慾橫流，走進利益眾生，照顧老、少、嬰、幼兒的新人間淨土。

在「化解困境」部分：

宗教領袖得理解當下社會全球共同的困境，主要在於貧富懸殊、戰爭苦難帶來的難民潮、兒童失學、道德低落、自私自利的人心、重物慾輕精神的心靈及自然生態的破壞。

拜玄靈高玉皇上帝的宗教家，能否對此針砭，並提出解決之道？如果可以，即是當代優質的神職人員；也盡到代天宣化之職。反之，則如以井觀天的井底之蛙，根本不知天帝的職能。

在「宣教」部分：

天公座下的神職人員，如何宣講度眾是一個大問題。我認為優質的宗教領袖，常有經營管理教團、主持重要儀式、神秘主義（mythticism）通神或講經弘法等四項魅力（charisma）。擁有此任何一項，皆有門生跟隨。

其中，最難的是當屬「講經弘法」的魅力養成。我以為：口語能力（oral capability）則是其中的「關鍵技巧」，而神學底蘊涵養，則是「基礎知識」。

三芝錫板智成堂辦理老人共餐

兩者結合在一起，才可以講經弘法，始可宣教度人。

最後言「組織」部分：

以「組成神職人員團隊」，才能發揮 Teamwork 的能力。以慈濟為例，有優質的上人，還要有 4 萬名慈濟委員、慈誠委員，代表上人，對外勸募功德款。有了物質基礎，才能作宣教弘法、利益眾生的各種志業。

當然，如何將此會眾凝聚在一塊，共同實踐慈濟理念，又是一門大學問。它有一幅對聯掛在台北關渡人文志業中心門口：「福田一方邀天下善士，心蓮萬蕊造慈濟世界」道出了它的神學思維。

慈濟委員投入志業，即是善行、栽福田，建造出當代慈濟人間淨土世界，她（他）也可成為人間菩薩。當弟子成菩薩，其師父即成「宇宙大覺者」了。激起會眾「成菩薩」的心理，作起吃力不討好的宗教志業，就有強烈的內在趨力。

處當代科學發展、谷歌大神風行的年代，信徒或準信徒個個「聰明」。天公、關公座前的宗教領袖或神職人員，面對他（她）們，作起代天宣化功課，勢必難度升高。

您沒有幾把刷子，很難代天宣化。此時，您如能擁有：「遠見」、「理解需求」、「化解困境」、「宣教」、「組織」等能力，或可得心應手。您以為呢？！

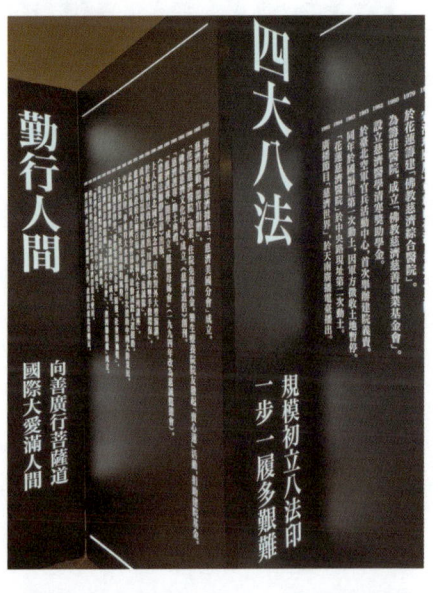

慈濟四大志業八大法印在人間行善

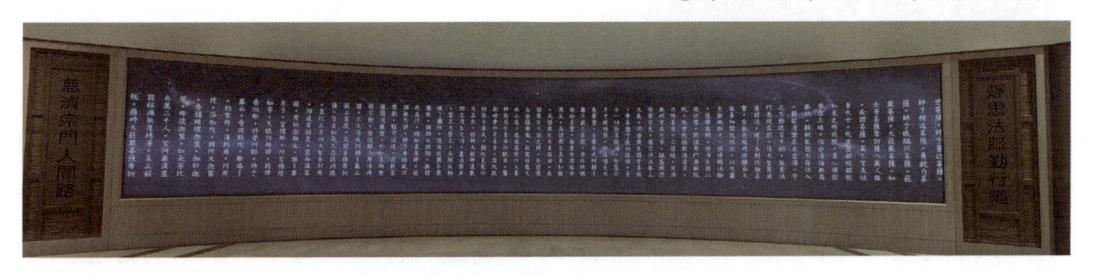

慈濟關渡園區播放《無量義經》短片

五常德深化關公信仰

台中教育大學教授 龔昶元

玄門真宗奉玄靈高上帝玉旨，作出「大誓願」，辦理各類活動

關公成為玉皇大帝的論述，及要完成的重要使命，目標策略、各項執行步驟、在「玄靈高上帝大誓願」中有很明確的諭示，因此，從「大誓願」的內容，信徒的「代天宣化」執行，重點如下：

（1）關聖帝君掌天盤，主要願景在成就「無極大圓融天」、咸令「冥陽靈祇皆能三世因果一世清了」。

（2）以帝君身披之「九龍九鳳擔司冥陽」，以「大願為志」，靈身就如「玉線玄門真宗」，「必領成就凡世事制之備，成就教門來慰帝君」

依上述，關聖帝君清楚諭示，誓願建立人間教門，職司全力推動帝君五常德「仁、義、禮、智、信」理念，以符合現代潮流的策略與方式「代天宣化」，使信徒大眾能透過「聖凡雙修」的生活方式，超凡入聖，進階登堂，得入「圓融國度」。

因此，秉持帝君神諭，「中華玉線玄門真宗」在教尊的領導下，正式成立教門，以推動關聖帝君五常德教義為職志，匯集賢達修士，努力不懈，全方位執行

玄門真宗辦理精勤保庇箱、寫生比賽、國小五常德教育，紮根在地小學

關聖帝君誓願，著重於有效而能符合現代生活潮流的實踐方式「代天宣化」，近年來的努力，五常德教義傳播效果逐漸顯現，發展之五常德認證課程亦能為各界信眾大德認識、接受，信徒基礎日趨擴大。本門執行的活動舉其較為大者，例如培育新生代的關公信仰教義，針對國小學童發展五常德教材，補助國小教師採用為補充教材授課；發展偏鄉「精勤保庇箱」補助偏鄉優秀學童。舉辦國小學童關聖帝君寫生、講古比賽，為關公理念在年輕一代紮根。舉辦關聖帝君路跑、庄頭巡禮聯誼，擴大扶鸞文化聯誼交流，集思廣益，共創發展，創造更好的扶鸞條件，使鸞務發展壯大，使神的諭旨透過扶鸞信仰更能教化人心，促進社會和諧，策勵精進擴大信徒基礎，進行必要的儀式改革，建立扶鸞專業形象，以更深入回應社會困境，是未來可以發展的方向。

此外，玄門真宗近年來與學術界及產業界合作，邀請社會賢達，共同參與論述實踐關聖帝君教義的生活方式，例如辦理關聖帝君生活實踐論壇，推動五常德

的現代生活實踐方式,辦理企業論壇,推動「利益眾生的事業理念」推廣「聖凡雙修」在企業、在社會的生活實踐;並廣邀媒體擴大報導,深入人心;辦理關聖帝君華陀醫療健康論壇,實踐「充滿健康法喜」的「仁」,發展關聖帝君神學體系,有系統的建立關聖帝君哲學理論論述。凡此種種皆在以符合現代潮流的方式「代天宣化」傳達關聖帝君「五常德」教義,擴大信徒基礎,使更多的信眾能承載關聖帝君的「大誓願」,從而領受「聖凡雙修」的生活方式,成就「大圓融」。

為關聖帝君「代天宣化」是本教門(中華玉線玄門真宗)責無旁貸之使命,任重道遠,只有一點一滴的持續努力,先建構關聖帝君神學體系軟體內涵的完整,再進一步力求硬體廟門的擴充,形成成就關聖帝君「大誓願」的永續發展願力,度化眾生,同臻「圓融國度」願景。這方為實踐關聖帝君「代天宣化」之正途。

玄門真宗辦理全國參鸞,由法師、教授與宗教領袖共同迎接眾神降筆

誦經與印經推廣關公信仰

輔仁大學博士生 王致傑

誦經當作個人修行與為神弘道之方

關聖帝君成為玉皇大帝，扶鸞儀式扮演了重要的推手，並在幾次扶鸞儀式當中所示下的經典，昭示了關聖帝君成為玉皇大帝的事實，信仰者欣然接受了這樣的論述，繼續追隨關聖帝君宣化的腳步，開啟進行代天宣化的任務。

1. 信徒成為恩主公的學生、為恩主公效勞

事實上，這種認同並非存在於所有華人民間宗教的信徒，大部分只存於以關聖帝君為主神的鸞堂系統，他們敬拜關聖帝君為主神的「恩主公」，在儀式中聆聽神的話語，接受恩主公道德律，成為恩主公的學生，相信現世的與來生的生活指引，實踐恩主公的仁、義、禮、智、信儒家道德。

他們深信恩主公經常在扶鸞儀式過程中來到鸞堂現場，透過鸞生由扶鸞指出

的教誨與解惑，深感認同並且願意接受，更成為生活上的指引、個人修鍊上的指點，甚至有些學生在恩主公的引導下，在恩主公面前發願成為恩主公代天宣化的鸞生。也是恩主公的代言人，他們可以親耳聽見恩主公傳達的訊息，或是看見恩主公寫出的鸞文，在恩主公的指導下行功立德，弘揚關聖善法，利益眾生。

有趣的是，恩主公與信仰者之間的關係，猶如長輩照顧晚輩般的疼愛，這也反映了信仰者對於關帝信仰的宗教情感，強化了信仰者對關帝的信仰認同，當認同「為恩主公效勞是一件好事」，信仰者便增強了為恩主公效勞的意願，這包含了可能提高出席活動、無償擔任志工的意願，並在每次的效勞當中實踐恩主公的教導，相信自己變得越來越好。

2. 誦經與印經，推廣關帝成玉皇上帝以達到代天宣化的效果

另一促使鸞堂的鸞生與信仰者藉著推廣關帝成玉皇上帝，以達到代天宣化的效果，在於誦經與印經。鸞生在平時常態性的扶鸞儀式、拜斗與聖誕祭典時期，都得誦經，他們認為這是個人累積功德，表達對神景仰及個人修行的重要法門。

因此，從明、清以來到民國為止，中國大陸的「洱源紹善壇」、「昆明洗心堂」

用科儀作為修行與弘道之法門

玄門真宗信眾及門生共同誦經禮神

及台灣的「台中聖賢堂」、「中華玉線玄門真宗」、「桃園明聖經學會」等團體，創造出關聖經典，可能都是他們經常念誦的經典：如《桃園明聖經》、《忠義經》、《覺世真經》、《玉皇普度聖經》、《玉皇普度尊經》、《大解冤經》、《文懺》、《武懺》、《玄靈玉皇寶經》、《赦罪寶懺》、《戒淫經》、《關聖大帝返性圖》、《救劫渡人指迷篇》等經典，是信仰者相當熟悉的經典。由於鸞堂的鸞生經常念誦經典，他們彼此口耳相傳，更容易接受經典中的論述，不只接受關聖的道德律，也會認同關聖神格轉化的神學論述，在潛移默化的影響當中深信不疑。

除了念誦經典之外，刊印經書也會助長推廣關帝成為玉皇上帝，亦有代天宣化的效果。在華人宗教傳統當中，信徒鳩資共同出版善書，是個人積累功德的表現，在扶鸞儀式創造出關帝為玉皇上帝的鸞書與經典，只要鸞堂領袖願意發動捐款印書，大部分都可以得到信徒的支持，並且一般經典或鸞文都「免費贈送，歡迎翻印」無償提供給任何人，這是華人功德觀的心理表現，盼望可以由讀者自由翻印或傳閱達到勸世、代天宣化的效果。

關聖榮登玉帝古今華夏第一人

中華關聖文化事業弘揚協會理事長 黃國彰

關帝榮登中天玉皇（本篇圖片由黃國彰提供）

　　關聖 220 年成仁就義後，仍時時懸惦著荊州百姓，不久，即在湖北當陽玉泉山顯聖護佑當地人民。如《聖帝大解冤經》載：「一靈真氣直上斗牛，拜見斗姆元君，翻閱三生因果，始解夙根，自此屢施感應，顯靈於玉泉山。時於玉泉寺中，會故人普淨長老，於此清修道德，悟透本來，帝君頓明千年因果，了悟天根，參養玄理，結聚元神，護國保民，無窮感應。」劉先主獲悉關帝在玉泉山顯聖，曾親自前往祭祀。百姓為感念關帝聖德與懷思，特於玉泉山建起一座「顯烈祠」小

關廟,讓民眾祭拜。關帝屢屢顯聖,使地方風調雨順,人民安居樂業,社會祥和。

關帝威靈顯赫,護國佑民事蹟不絕,只要天下有難,就會看到關帝顯靈聖跡,由地方到全國,聖德越傳越廣,香火也越發鼎盛。因而,感動地方官員及朝廷。所以,歷代帝王屢屢封諡,由侯而公,而王,而帝,大帝,成聖,成佛。如蜀漢後主景耀三年諡「壯繆(穆)侯」。隋文帝開皇九年在山西解州關公故里建「解州關王廟」。宋徽宗崇寧元年封「忠惠公」。宋徽宗大觀三年加封「武安王」。元文宗天曆元年封「顯靈義勇武安英濟王」。明太祖洪武二十七年建「福建東山關王廟」和「南京雞鳴山關廟」。明太祖洪武二十九年建「荊州關王廟」。明神宗萬曆三十三年命欽差司禮太監李恩捧十二旒冕珍珠冠、素玉帶、蟠龍袍、黃牌一面、書徽號十二字,到北京正陽關廟恭訖建醮三日,頒行天下,文武慶賀。明神宗萬曆四十二年敕封關帝為「三界伏魔大帝神威遠震天尊關聖帝君」。並將關帝立為武廟主神,與崇祀孔子文廟並列為文武二聖。

清德宗光緒五年封「忠義神武靈佑仁勇威顯護國保民精誠綏靖翊讚宣德關聖大帝」等。

關帝受歷朝皇帝加封,並受三教百業共尊,儒稱武聖人、關聖帝君、文衡聖帝,釋尊伽藍菩薩、仁義古佛、蓋天古佛,道稱翊漢大天尊,三界伏魔大帝。商業奉為武財神,讀書人尊為文昌帝君,軍人敬為戰神,警察奉為正義之神,國家立為關聖帝君,百姓尊為恩主公,各界讚為萬能之神。關帝香火由中國傳布至世界五大

關帝於湖北當陽玉泉山顯聖

洲一百六十幾個國家。且建廟供奉者，全球就有中國、台灣、香港、澳門、日本、韓國、馬來西亞、新加坡、印尼、印度、菲律賓、越南、泰國、美國、加拿大、法屬留尼旺、柬埔寨、緬甸、東帝汶、澳大利亞、非洲毛里求斯、莫桑比克、馬達加斯加等四、五十個國家，此情在中國古今聖賢中乃絕無僅有的。

關帝受三教百業共尊，香火更遍布世界五大洲，正是「關公廟貌遍天下，五洲無處不焚香。」且自二十世紀初起，在大陸、台灣 各地鸞台紛紛降筆訓示，關帝於上元甲子年（西元一九二四年）榮登第十八任中天玉皇大帝之職，聖號「中天至聖仁義古佛 玉皇大天尊 玄靈高上帝」，統御三界十方、三千大千世界。為使世人了解關帝榮登玉皇大帝的過程始末，本文特別引證下列十篇神聖在不同時空降著之聖藻鸞訓等資料，以供參研。

一、西元1921年起開始在中國雲南省滇西洱源紹善壇陸續降筆《洞冥寶記》。

二、西元1924年在四川省宜賓縣降著《新頒中外普度皇經》。

三、西元1924年在貴州降著《桃園明聖經‧聖帝新寶誥》。

四、西元1927年在雲南省昆明洗心堂降著《高上玉皇普度尊經》。

五、西元1930年起陸續在大陸、台灣兩地降著《一貫道藏》。

六、西元1972年在台灣臺中聖賢堂降著《玉皇普度聖經》。

於玉泉山山麓建顯烈祠　　　　　　　於關帝山西運城老家建解州關帝廟

七、西元 1973 年在台灣臺中懿敕拱衡堂降文《關聖帝君受禪玉帝經略》。

八、西元 1981 年在台灣臺中武廟明正堂降著《瑤池聖誌》。

九、西元 2011 年在台灣臺中懿敕寶德大道院降著《金闕遊記》。

十、唐末五代至北宋末的《玄靈高玉皇心印妙經》、西元 1933 年《玄靈玉皇寶經》等。

玉皇大帝，統御三千大千世界，掌管億萬生靈。此乃撼動三界的浩瀚天命，是何等殊勝偉大盛事啊！既是偉大天命，上天一定會透過各種機象顯示給三千大千各個世界。如《孔子傳》載：「魯哀公十四年，西狩獲麟，孔子嘆曰：『吾道窮矣。』因而《春秋》絕筆。」又如《論語・子罕》子曰：「鳳鳥不至，河不出圖，吾已矣夫。」《易經》亦曰：「是故天生神物，聖人則之；天地變化，聖人效之；天垂象，見吉凶，聖人象之；河出圖，洛出書，聖人則之。」

上列出現麒麟、鳳凰、河圖、洛書，都是上天的一種垂象。而關帝會受歷代帝王的隆崇誥封，又受百業的高度尊崇奉為萬能尊神，且信仰遍布全球五大洲一百六十幾個國家，更有四、五十個國家建有關廟供奉，香火越趨興盛，神威更益加尊崇。如此盛況，關帝堪稱古今華夏第一人，也正是上天給世人的一種垂象顯示，乃關帝榮登玉皇大帝最佳明證也。

關帝書《桃園明聖經》於玉泉寺，再授予凡人

Part 3-2 關公成玉帝：廟學高峰論壇

玄門真宗法壇

　　司儀：歡迎大家撥冗參加「修補靈體‧轉換陰陽‧法體元神‧周全圓融」第三場宗教學術關門會議。我們非常榮幸也非常感謝能邀請到來自全國各地宮廟院堂的領袖前輩們，大夥兒能齊聚一堂，共商宗教大事。現在請我們最敬愛的，也是玄門真宗的大家長玄興教尊，為大家致歡迎詞！

緣由

　　玄興教尊：今天玄門真宗舉辦宗教學術關門會議這個活動，目的之一是想協助全省各地的宮廟來修補祭祀靈體。此一活動的緣由乃因在座的劉在昌師兄團隊過去幾年來奉神明指示四處明尋暗訪宮廟，辦理祭靈體科儀。幾乎全省跑透透，我們認為與其一間間宮廟辦理不如

集結此一善緣共同來辦理，所以才會在天赦日辦理有「修補陰陽・法體元神・周全圓融」這個活動，做這件事，就是因為這個善緣而來。

每一次在天赦日辦理的法會，都會邀請不同的宗教團體主辦。上次是請道教的道長來辦理，這次是請佛教的佛恩寺來辦理，都是很棒很殊勝的因緣。

另外也很關心邀請到教授、學者們來發表高見，也歡迎在座各位就討論主題踴躍發言，未來會將課程內容集結整理，並發行出版《大道向前行》。

現在我們就以熱烈掌聲歡迎黃國彰理事長來為我們報告關公如何成為玉皇大天尊的這個主題，黃理事長也準備了一本書準備分享給大家哦！

關帝榮登玉帝

黃國彰理事長：今天我演講的主題是「關公如何成為玉皇大天尊」。在民間信仰中，關公是一位非常受敬仰的神祇。他忠義凜然、勇武無敵，是許多人的精神導師。那麼，關公到底是怎麼樣成為玉皇大尊的呢？根據民間傳說，在關公死後，他的靈魂升天，被玉皇大帝封為「武聖大帝」。後來，他又經過了許多磨難和考驗，最終修成正果，成為玉皇大帝。當然，這只是一個民間傳說。在正統的宗教經典中，即有記載關公成為玉皇大尊的事蹟。這也說明了，關公在民間信仰及儒宗神教、鸞堂中，具有非常重要的地位。他代表了忠義、勇武、正直等崇高的精神，是我們學習的榜樣。今天我簡單跟大家分享了關公的故事，希望大家能夠有所收穫。

張家麟教授：剛剛黃理事長為我們做了精彩的演講，深入淺出地剖析了關公成帝的歷史淵源和文化背景，真是讓我們受益匪淺。說到關公成帝，這可以說是20世紀到21世紀之間最大的神話故事之一了。這個神話也反映了人們對關公信

仰的深厚基礎。

在農曆正月初九是天公生。我打個電話到北京給朋友，他正在雍和宮拜拜，我們漢人信仰的天公有剛剛黃理事長講的天公，佛教的天公與道教的天公-三官大帝的天官大帝。玄靈高上帝則是我們儒宗神教的天公。

剛剛黃理事長分享了關公成帝的歷史演變過程，這在宗教學術領域是一個非常重要的概念-誰在封神？《封神榜》姜子牙的封神，是屬於小說封神。關聖帝君的信仰也受到了小說的影響。在清朝的《關帝全書》中，有一部非常重要的經典《覺世真經》。這部經典講述了如果你信仰關公，就必須遵守道德規範，否則就會受到懲罰。

當然，我們所信仰的關公形象也有一些虛構的成分。比如，關公的青龍偃月刀，在關公那個年代其實並不存在。這種武器是到了宋朝才出現的，這也是學界公認的事實。

我們所信仰的關帝中有很多是小說元素在其中。首先，在三國時期，曹操封關羽為漢壽亭侯，劉禪封關羽為壯繆侯，但沒有祭拜他。真正開始祭拜關公的是唐德宗。他將關羽的神像請到武廟東廂，位列第十六位。到了明朝，明太祖將武廟之首的姜子牙的神像請了下來，這對關公信仰的推廣起到了很大的作用。

今天我們要討論的主題是「關帝成為玉帝」，關公的神格是如何一步步從武將提升到天公、玉皇大天尊。關公在不同的歷史時期，被賦予了不同的神格。最早的時候，關公只是一位武將。到了清代的雍正皇帝則將關公視為文人神，咸豐皇帝更是將關公抬入孔廟，讓全國讀書人祭拜，創造出文衡聖帝，因此關公是五文昌之一，另外關公也是武財神，關公太多神格了，簡單的講，祂成為天公以後，祂無所不能。

對這個議題首先邀請謝政修博士來跟我們分享，讓我們以熱烈的掌聲歡迎謝教授！

關帝神格演變

謝政修博士：簡要闡述關公神格的演變歷程。正如張老師方才所提，關公神格的封賜離不開多方主體的參與。關公神格的形成，既得益於歷代官方的冊封，也深受讀書人崇敬，更融合了宗教人士的敕封，可謂眾志成城之典範。

關公信仰的萌芽可追溯至其戰敗後安葬之地 - 湖北當陽。究其原因，關公最初的信仰局限於地方範圍，與自身戰敗將軍的身份密不可分。歷史表明，無論民間宗教抑或民間信仰體系，對於非正常死亡之人，人們往往心存敬畏。而關公早期的形象正是戰敗將軍，其非命身亡，可能蘊含著某種靈異力量，因此當時的地方信仰將關公奉為戰敗將軍，並敬畏其顯赫靈驗。

唐代，智顗大師於當陽一帶興建玉泉寺。在此過程中，信仰融合現象由此產生，關公被塑造成佛教護法的說法應運而生。當然，這亦與佛教的傳播密不可分，佛教為適應當地的信仰體系，將關公納入自身的神譜。

宋代，關公信仰迎來重大轉折。當時，關公的出生地山西，亦開始推崇關帝信仰。其背後緣由，與解州鹽池水災的傳說息息相關。相傳，鹽池發生水患時，張天師召請關羽將軍降服作亂的妖魔，而有「關公斬蚩尤」之神話。由此，宋徽宗依道教之請，將關公封為崇寧真君，並將關公信仰納入道教體系，尊奉其為元帥神。

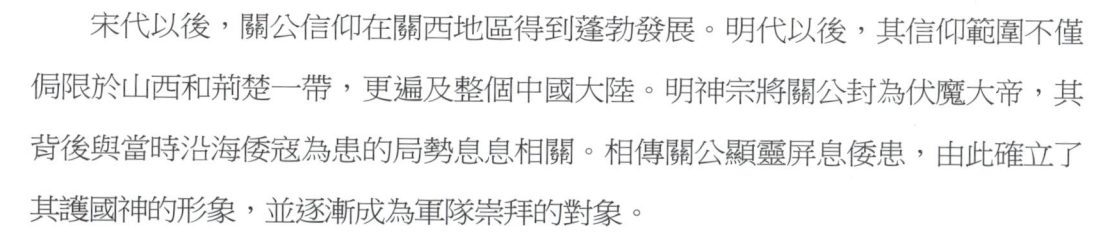

宋代以後，關公信仰在關西地區得到蓬勃發展。明代以後，其信仰範圍不僅侷限於山西和荊楚一帶，更遍及整個中國大陸。明神宗將關公封為伏魔大帝，其背後與當時沿海倭寇為患的局勢息息相關。相傳關公顯靈屏息倭患，由此確立了其護國神的形象，並逐漸成為軍隊崇拜的對象。

此外，明代山西商人十分活躍，積累了大量財富。因此，從商業發展的脈絡中，我們可以探尋到商人崇奉關公的原因。

清代，關帝信仰被儒家化，繼承孔孟《春秋》精神的典範，關公被視為儒家典範，其信仰與扶鸞結合，成為民間教派推崇的對象。清代關公信仰最終與玉皇上帝神格相銜接，正是源於其與扶鸞信仰的融合。

張家麟教授：謝謝謝博士，關聖帝君成玉皇大天尊之前，跨儒、釋、道三教。唐德宗封關公為神，體現了儒教封神的理念。儒教封神的五個原則歷朝歷代皇帝皆遵循，而關公至少符合其中三個原則：

1. 法施於民：關公踐行仁義禮智信五常德，深受百姓愛戴。

2. 忠勤於事：關公忠於職守。

宋徽宗加封關公為義勇武安王

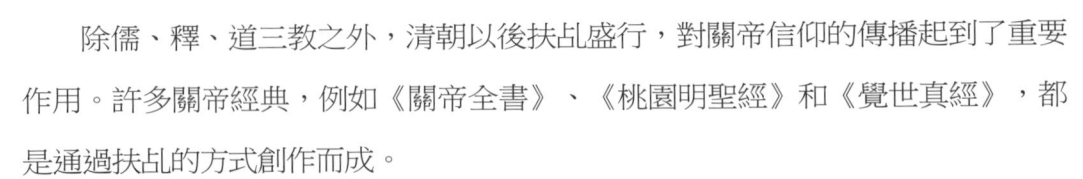

3. 以勞定國：關公忠義貫日月，深受歷代皇帝肯定。

除儒、釋、道三教之外，清朝以後扶乩盛行，對關帝信仰的傳播起到了重要作用。許多關帝經典，例如《關帝全書》、《桃園明聖經》和《覺世真經》，都是通過扶乩的方式創作而成。

民間教派通過創作經典來提升關公的神格，對關帝信仰的傳播起到了重要作用。除儒釋道三教之外，民間儒教、儒宗神教、玄門真宗等民間教派也積極推動了關帝信仰的發展。接下來，讓我們請今年新晉博士生王心伶為我們帶來精彩的演講，掌聲歡迎！

儒教封關公成神

王心伶博士生：我想從多個角度探討關聖帝君神格的演變歷程。

正如張教授先前所言，關公的神格塑造始於三國時期，曹操和劉禪分別封其

為侯，歷經兩千餘年，最終成道于中華民國61年，成為天公。關公神格的演變大致可分為三大階段：

第一階段：戰死沙場，英魂顯靈。關公在戰死沙場後，其忠義精神和英勇事蹟在民間廣為流傳。百姓敬畏其忠勇，將其視作神靈，並逐漸形成地方性的信仰。魏晉南北朝時期，有關公顯靈的神跡不斷出現，其信仰也隨之擴大。

第二階段：由鬼變神，受官方冊封。唐朝皇帝依據《禮記》五項封神原則，將關公封為武成王的陪祀神。明太祖時期，為關公單獨設立關王廟，將其信仰提升至國家層面。

第三階段：文人神格，成道為天公。清雍正皇帝將關公列入文廟祭祀，將其視為文人神，並參照孔子春秋兩季祭祀典禮進行祭祀。

此外，在文學方面，《三國演義》對關公形象的塑造功不可沒，書中塑造的忠義仁勇的關公形象成為現代民間關帝信仰的主要形象。

關帝被三教教主共推為玉皇大天尊

張家麟教授：王心伶博士生指出，關聖帝君的神格演變大致可分為三個階段：

1. 儒教、武將的神格；2. 文人神的神格；3. 道教是斬妖除魔的神格，明神宗封關公為三界伏魔大帝。

我曾建議玄門真宗建設「忠義千秋走廊」，列傳歷朝歷代對關公有貢獻的皇帝、讀書人、神職人員，以表彰他們的功績。大家走過時，認識這些人對關公的貢獻。其中，我特別推薦為教尊立傳，以彰顯其對關公信仰的貢獻。

關帝降旨於玄門山

玄興教尊：長期以來，關聖帝君的研究主要依靠口耳相傳，缺乏文獻依據和學術論證，導致許多人對關公信仰存在誤解。今天，我們非常榮幸邀請到黃國彰理事長和各位教授，從歷史、學術、宗教等角度深入探討關聖帝君的生平事蹟和信仰演變，為我們打開了關公研究的新篇章。

過去，我們對關公的故事和成就大多來自民間傳說和乩手傳言，缺乏可靠的依據。今天，我特意準備了一段影片，與大家分享。我之所以信仰關公，並不是研究或聽信他人之言，而是遵循關聖帝君的旨意。在關聖帝君成道後十幾年，我們才敢將鸞文公開。請大家觀看影片。

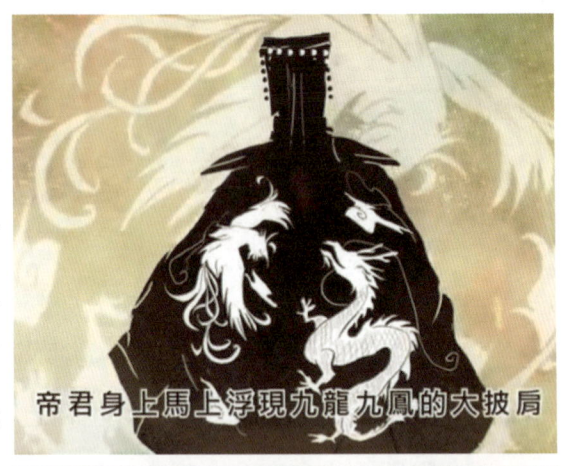

帝君身上馬上浮現九龍九鳳的大披肩

關帝掌天盤後，在當代降旨於玄門山

關聖帝君降下的鸞文，我們依照旨意辦理，讓我們更加堅定地追隨關公的腳步。有人質疑我們為什麼要這樣做，我認為這是本教門的責任，也是對關聖帝君虔誠信仰的實踐。關聖帝君成道後，並沒有自己的信眾，不像過去道教信仰關公，變成道教徒，一貫道信仰關公，變成一貫道徒。接下來，讓我們請各位教授為我們進一步闡述關聖帝君信仰的意義和價值。

張家麟教授：本影片從學術角度探討了關聖帝君被封為「玄靈高玉皇大天尊」的重大意義，呈現出關公信仰演變的新脈絡。影片主要圍繞三個重點展開論述：

1. 玄靈高玉皇大天尊信仰不僅得到了三教、五教教主的共同推舉，還得到了

一些新的擴展。

2. 玄靈高玉皇大天尊的信徒是九龍九鳳的化身，這是過去所未有過的觀點。而在座的各位就是九龍九鳳，願意當玄靈高玉皇大天尊的代言、弟子。

3. 作為玄靈高玉皇大天尊的代言弟子，需要具備良好的品格、遵循五常德，並瞭解社會困境和需求，以實際行動弘揚玄靈高玉皇大天尊的精神。

玄門真宗關帝像

從經典來認識關帝封神

謝政修博士：關聖帝君成道為玉皇大帝的經典依據，主要體現在以下幾個方面：

1.《桃園明聖經》：《桃園明聖經》是嘉慶年間扶鸞而來的經典，其創作目的在於救世、安撫人心，與「末世論」有著密切聯繫。

2.《忠義經》：它是關聖帝君的重要經典，深受讀書人尊崇，與儒家思想有著密切關聯。該經共18章，闡述了關聖帝君忠義仁勇的精神內涵。

3.《覺世真經》：它是關聖帝君的另一部重要經典，問世後轟動一時，因其內容淺顯易懂，成為人們日常生活的行為準則。

4.《明聖經》：明確指出，關聖帝君在成道為玉皇大帝之前，曾擔任玉帝的首相，為其最終成道奠定了基礎。

5.《洞冥寶記》：於民國初年出版，記載關聖帝君被封為玉皇大帝的事件。

6. 聖賢堂扶鸞經典：民國60年之後，聖賢堂扶鸞降下的經典，其中也包括有關關聖帝君成道為玉皇大帝的內容。

張家麟教授：關公成為玉帝的信仰，可追溯至明末清初的《關帝全書》，並在民國時期經由扶鸞經典與鸞書的宣揚而更加深植人心。因此，要深入理解關公

信仰，就必須了解扶鸞文化。

如同明末扶鸞經典《忠義經》、清中葉的《桃園明聖經》，以及民國時期的《洞冥寶記》、《玉皇普度聖經》、《玉皇普度尊經》等，皆是透過扶鸞儀式而產生的經典，並在其中確立了關公成為玉帝的形象。

從玄門真宗的觀點來看，玄靈高玉皇大天尊肩負拯救普天靈界的使命，並帶領靈兒回歸圓融國度。在圓融國度中，玄靈高玉皇大天尊為最高主宰，玄興教尊則是祂的代言人，而玄門真宗團隊的成員則是祂的九龍九鳳分身。

認識關公成為天公的經典

王心伶博士生：我幫大家整理了關公逐步成為天公的五部經典：

1.《三界伏魔關聖帝君忠孝忠義真經》，關公可以管三十六天七十二地煞。

2.《關聖帝君應驗桃園明聖經》，祂成為玉帝的左宰，又稱為昭明翊漢大天尊。

3.《洞冥寶記》，關公在無極天尊主持下，由道家元始天尊到儒家孔子及佛教的釋迦牟尼佛，共推為天公。

4.《高上玉皇普度尊經》，關公受禪為天公。

5.《玉皇普度聖經》，關公是五教共推關公為天公。

張家麟教授：我們謝謝王心伶博士生幫我們整理跟關公成為玉帝的相關學術跟經典。可以知道扶鸞創造經典，是研究關聖帝君的一重要方法。

玄門真宗玄靈高上帝神像

關帝為救劫之大神

謝政修博士：關聖帝君成為玉皇大帝，其背後蘊含著深厚的歷史與文化因素，是這兩個因素融合的結果。

在清朝，關聖帝君與扶鸞信仰結合，成為重要的救劫神明。當時，呂祖、文昌帝君與關聖帝君並稱為「三聖救劫」，代表著玉皇大帝派遣祂們降臨人間，宣揚教化，引導眾生免於劫難。

關聖帝君引領的救劫運動，與清代道光年間的鴉片戰爭和光緒年間的八國聯軍等災難息息相關。在亂世、末節的年代，人們渴望救贖，因此關聖帝君作為救劫神明的形象逐漸凸顯。經典與乩文等相關文獻，也因應而生，反映了當時的社會氛圍。

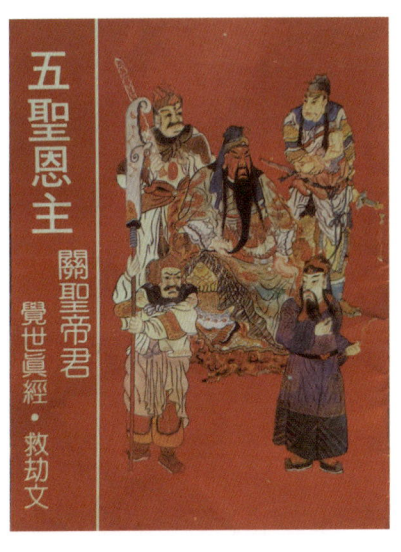

關公為濟世救劫之神

以四川龍女寺為例，當地信眾便以關聖帝君為經典，祈求度過劫難。這充分體現了歷史因素對關聖帝君信仰的影響。

然而，為何關聖帝君會成為救劫神明？這就必須從文化脈絡中探尋答案。在神學論述中，關聖帝君累積了深厚的信仰基礎，其聖人形象在清代尤為突出。因此，由祂來擔當救劫重任，可謂順理成章。

綜上所述，在歷史背景、關聖帝君自身的神性特質、三教融合的影響、皇帝的推崇、文人的尊稱等諸多因素共同作用下，關聖帝君最終登臨玉皇大帝之位。

此外，關聖帝君引領的宗教救劫，是從經典中喚起人們的自我道德意識，促使自我修正。當時的知識分子將宗教與日常生活、世俗文化相結合，形成了獨特的救劫運動。

張家麟教授：謝博士從救劫觀念的角度論述了關聖帝君成為玉皇大帝的意義。我們除了戰爭劫難之外，還面臨著諸多劫難，例如貧富差距、貧困失學等社會問題。因此，期盼關聖帝君掌管天盤，降臨人間救劫弘教。由此可見，玄門真宗門徒與關聖帝君信徒肩負著重大的使命。

玄興教尊：教授的論述發人深省。接下來，就讓我們一起觀賞影片-關公五常德的誓願，敬邀大家共同來參與，謝謝各位。

以五常德濟世

張家麟教授：在玄門真宗的觀點中，當代社會面臨的劫難之一便是五常品德的淪喪。因此，玄門真宗重新詮釋了五常德的內涵，化解個人、家庭與社會的劫難。此番重新詮釋，源自於玄靈高玉皇大天尊的旨意，並透過玄興教尊的體悟而展現。

傳統五常德為仁、義、禮、智、信。從播放的影片可以得知，在玄門真宗的闡釋中，仁的內涵為身體健康；義的內涵為人際關係；禮的內涵為家庭經營；智的內涵為企業經營；信的內涵為個人精進。玄門真宗期待透過對五常德的重新詮釋，化解當代社會所面臨的危機。

這是玄興教尊對玉皇大天尊玄靈高上帝在 21 世紀當下給他的使命，也是玄門真宗教會所有門生的使命，也是在場各位的使命。

龔昶元教授：在三國時期，關羽將軍殉死後，最初僅被奉為地方神明。隨著歷史演變，其神格逐漸提升，從荊州的神明擴及全中國，乃至推廣至全球，成為華人信仰的大神。而五常德正是關公的典範精神，從歷史的角度而言，加上歷代皇帝的敕封，關公信仰在中國人心目中具有崇高的地位，值得信仰、遵從與實踐。

從文化的角度來看，歷朝歷代的社會與國家皆面臨著不同的困境，人們希冀藉助信仰道德之神的力量，協助解決困境。這便是信仰的功能。例如在清朝時期，台灣人民深受鴉片之害，透過降乩勸戒信徒戒除鴉片，展現了信仰的力量。

關聖帝君昇格為玉皇大帝，其依據主要是在中國雲南、台灣地區流傳的三部聖經中。現今，弘揚關聖帝君之道，關鍵在於建立一個高效能的組織。

玄門真宗對五常德作現代性的詮釋

玄門真宗紮根國小推動五常德全人教育

　　我曾前往高雄某鸞堂參與扶鸞會議，發現一部鸞書中提到了「圓融境界」的概念。此概念早在鸞文中已有記載，現今我們應致力於建立高效能的組織，推動此概念的實踐，在人世間尋求此中道理，並將其影響力擴及至整個社會。

關帝信仰的傳播

　　王致傑博士生：首先，關聖帝君的影響力遍及全球，根據內政部 2005 年統計，台灣地區以關聖帝君為主神的廟宇共計 10,770 座，至今數量應更多，位居全台主神廟宇第七名。

　　其次，關帝信仰遍布世界各地，涵蓋兩岸三地、東南亞地區、日本、韓國、美國紐約、澳洲等地，皆可見關聖信仰的足跡。正如教尊方才所提到的五常德，代表著中華文化中重要的品德教育，在剛才觀看的影片時亦深受感動。

　　第三，有關關聖帝君成為玉皇大帝的降鸞訓文，應予以收集整理。儘管存在正反意見的論述，但也足以彰顯關聖帝君的深遠影響力。關聖帝君的信徒樂見其成為偉人成功的典範，並學習其高尚的道德與成功事蹟，作為自身修養的借鏡。

　　第四，關聖帝君救劫的事蹟亦十分豐富，應加以記錄與詮釋，並透過手機、LINE 等媒介，以一對一或一對多之方式傳播，讓更多人認識關聖帝君的慈悲與偉大。

黃國彰理事長：中華關聖弘揚協會桃園明聖經有兩種版本，一種是現今宮廟普遍使用的「朱子刪定玉泉寺真本」，另一種則是推廣較為活躍的一貫道版本。一貫道韓老先生曾於病危之際，展讀「朱子刪定玉泉寺真本」11天左右，竟不藥而癒，因此深感此經書的奧妙。「朱子刪定玉泉寺真本」係由朱熹夫子刪定而成。

玄靈高上帝大誓願

龔昶元教授：〈玄靈高上帝大誓願〉提到了幾個重點：

1. 宗教應如企業般，擁有願景、使命、目標、任務與策略，才能邁向成功。願景乃眾生皆能獲得幸福，並透過此生活世界實現圓滿人生，此為玄靈高上帝之願景。使命則為普度眾生。策略為透過九龍九鳳，各司其職，共同推動此願景與使命之實現。

2. 我們信仰關公的五常德，所有門生做祂的九龍九鳳。做眾生的五常導師，帶領他們來修行、實踐生活。有望登堂入室，聖凡雙修，達到圓融國度。

3. 本教門致力於宣揚關聖帝君的五常德，藉以補足教育部所提供的國小課綱之不足。鼓勵國小校長以現代化的語言詮釋仁義禮智信，並發展五常德現代化的教材，實踐關聖帝君的誓願與使命。

王致傑博士生：我體悟到三項承擔：

首先，關聖帝君承擔著引領眾生邁向更美好國度的使命。其次，教尊、各廟堂的負責人與領導人承擔著接引關聖帝君降旨訊息、傳遞給大眾或加以詮釋的責任。最後，信徒承擔著在關聖帝君面前發願、為祂效勞的使命。

第二項承擔是擘畫辦理各項學術、路跑、法會等活動，整合人力、財力、物力的資源。這項承擔不僅是自我提升，也是對關聖帝君、對信仰、對社會的誓願。

玄興教尊刊行《關帝的救贖誓願》

第三項承擔是重視品德教育，從自身做起，學中做、做中學，進而影響親朋好友、大眾乃至社會。每個人都應發揮品德與影響力，對關聖帝君發願，形成善循環，共擔使命。

張家麟教授：要成為關聖帝君的代言人，應遵循以下原則：第一，自我修養至關重要。其次，透過自我修養，提升自身的道德素養與智慧，進而協助他人尋求正道，利己利人，此乃孔子的「自立立人」之道，亦符合佛教的「自利利他」精神。唯有自身端正，才能感化他人，弘揚正道，普度眾生。

道德、感恩教育

胡萬新董事長：現今各界皆致力於推動道德教育，而玄興教尊承擔此項使命，號召大眾共同推動道德教育。天德教所倡導的二十字真言：「忠恕廉明德、正義信忍公、博孝仁慈覺、節儉真禮和」，此為天德，天德就是天之德，天德正是中華文化固有的道德。唯有秉持此項道德，黃帝子孫才能安居樂業。

天帝教樞機：此次活動讓我深切體悟到，教尊秉承關聖帝君救世精神的偉大情操。天帝教的核心宗旨便是救劫，而救劫應從自我修養做起。在五常德的品德教育中，感恩更是至關重要的核心概念。我們應從自身出發，激發感恩之心，並將其與關聖帝君的忠義精神相連結，落實於生活、宣教與教育之中，並將愛心發揚光大。

廖振博教授：我是一個非常調皮的鸞生，曾經擔任過主筆生。高中畢業後，我直接升讀碩士班，碩士畢業後就受聘到真理大學擔任助理教授。

今天在這裡又聽到一句話「三世因果一世清」，我深有同感。這也是我研讀《地藏經》的心得。如果各位能領悟這個道理，就是今天的最大收穫。

教尊：我要邀請我們下一個階段的普度法會科儀的介紹。臺中光明山佛恩寺釋宏定監院來跟我們分享今天的課題。

佛教「甘露施食」之儀

釋宏定監院：本人為佛教出家眾，現任臺中太平佛恩寺住持。住持乃寺院之首，執掌寺院一切事務，猶如企業之總經理。我的師祖為汐止慈航法師，亦為佛門第一尊肉身菩薩。法師來台後，收受眾多弟子，弘揚佛法。

今日應「醫方明」游朱義導師之邀，於玄門真宗舉辦法會。坦白言之，我較少於外與大眾互動，亦不諳此中之道。故與教尊商議後，決定以將佛恩寺修法之方式，如實呈現於玄門山。本人必將竭盡所能，圓滿此使命。

今日上午誦持《藥師寶懺》，下午則進行「甘露施食」，迴向幽冥界眾生。劉在昌居士亦備妥酵素，供病苦眾靈服用，祈佛菩薩加持，使其藥發生效用，然而其關鍵是：唯有堅信，病苦方能得解。

我亦曾以《藥師寶懺》為母親祈福，使其胰臟癌得癒。當時，醫院診斷母親僅剩兩月壽命，因疼痛難耐，連進食飲水皆成困難。十七日內滴米未進，苦不堪

言。本人懇求佛祖加持，母親終得續命六年，享年七十五歲。

張家麟教授：感謝釋宏定監院，宏定法師的師承是我非常尊敬的人間佛教的創始者太虛大師。若太虛大師有知，見其再傳弟子宏定法師表現如此優異，特地來到玄門真宗花壇玄門山與大眾結緣，想必欣慰不已。

從另一角度而言，玄門真宗規模宏大，方能廣邀各宗教人士齊聚於此，以關聖帝君之名，為眾生誦經、行甘露施食儀。藉此弘揚佛教普度精神，實有正本清源之效。

1. 普召請真言　　2. 解怨結真言　　3. 開咽喉真言

白色阿字(aḥ)　左　右

4. 變食真言　　5. 甘露水真言

白色凡字(凡姆 vaṃ)　順時鐘捻　吽字彈　白色凡字(凡姆 vaṃ)

6. 普供養真言　　7. 施無遮食真言

白色唵字(oṃ)　右手放光

佛教行甘露施食儀流程及手印圖

Part4

神人之間 · 無量法喜

圓融堂

Part 4-1 神靈與人靈之間：名家點評

4-1-1 確實相信有神靈

一神與多神信仰

淡江大學 張家麟教授

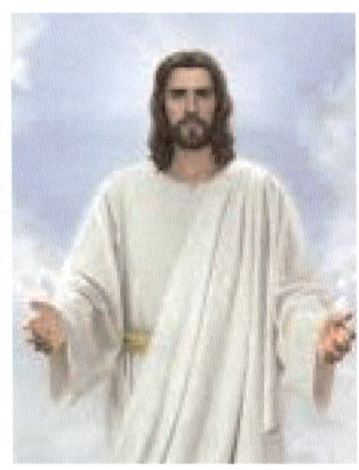

一神論教主：伊斯蘭教穆罕默德、基督教耶穌、天理教中山美伎（左起，翻攝網路）

如果相信有神靈，那麼祂來自哪裡？

您相信或同意「世上確實有神靈存在」這個陳述嗎？

如果您相信或同意，那您就是全球或台灣約 8 成人口有神論者中的一員。然而，這數字並非固定不變；它正隨著科學昌盛而轉化改變。因為，此時此刻無神論者（atheism）、非有神論者（ietsism）愈來愈多，已經衝擊到原來的有神信仰人口數。估計，未來全球的信仰人口將會因「宗教世俗化」，而持續下降。

儘管如此，現在絕大多數人仍然相信神靈的存在。而它應該是與「神的起源」此問題有關。

對一神論者（monotheist）與多神論者（polytheist）而言，對此問題，有不同的想法。前者，認定上帝或阿拉是宇宙獨一無二的造物主，相信《聖經‧創世記》、《古蘭經》所言，祂早在生成物種、人類之前，即已存在。

多神論，則以「萬物有靈」為主。認定「道」、「自然界」的天神地祇、「器物」、「功國偉人」、「修行成佛者」、「修行成仙者」等皆有神靈。「祖先」

則有「祖靈」,「厲鬼」也有鬼靈。

以道教為例:老子《道德經》中說,道為宇宙之母,其後有天、地、谷、水神及祖靈。再以張道陵創造的五斗米正一道教來說:第一代張天師以老子道德天尊為最高神,其下有天、地、水官的三官大帝,及東、西、南、北、中等五斗星神崇拜。

再以儒教來看:孔子每個月於朔日(初一)拜天地祖先一回。而且,在《禮記》中,尚有門、戶、井、灶、中霤(行)等五種器物的「五祀」崇拜及「法施於民、能防外患、能消大災、忠勤於事、以勞定國」的「功國偉人」崇拜。另外,傳承商朝的「慎終追遠」的祖先或厲鬼崇拜。

第三,再看佛教的多佛、多菩薩信仰:當它傳入中土,與中華文化連結、本土化後,除了保留諸佛、諸菩薩、阿羅漢崇拜外,也接受祖先或厲鬼崇拜。將盂蘭盆會、燄口、施食儀、地獄觀與中國祭鬼、超度祖先結合。

這三個宗教,基本上皆被華人民間信仰、民間教派所接受。形成了儒、道、釋三教融合,再結合巫,而構成「多神、多鬼」列聖仙佛、祖先、亡靈的信仰觀。甚至有「三教融合」,再加上耶、回兩教,而有「五教同源」的論述。

最後看鸞堂信仰:它除了儒、道、釋三教的列聖仙佛會下來降

多神論:三恩主、三寶佛、三清道祖(上起)

筆外，尚存在民間信仰諸多神祇臨壇。根據當代乩手林六善、杜爾瞻、楊明心的「造經」，除了為儒、道、釋三教仙佛著經外，尚且為恩主公、列位恩師、眾星神著造經典。這意指有六類神明會降筆，而且得到沐恩鸞下的崇拜。

如果說僅止於此，那就略顯不足。

因為在鸞堂系統中，尚且存在一特殊的崇拜。即是參與鸞務的鸞生，其祖先因其虔誠而顯靈，回到鸞堂降筆，而有「祖先神」的現象。類似的情形是過去或現在的鸞生參與鸞務，積累自己的功德。過去的鸞生，祂們已經成神；現在的鸞生，則為自己未來成神作準備。

綜上，對有神論者而言，神絕對存在於他（她）們的心裏。

差別在於一神或是多神論者對「神靈來自哪裡」這項命題的見解：一神論者以為，祂（造物主）早在宇宙、萬物、人類生成之前，即已存在。而多神論者則以為「萬物有靈」，歷朝歷代不斷的造神，神靈除了來自大自然外，尚可來自皇帝封神，教主、乩手書寫經典封神，文人書寫小說、筆記、神話而封神。

神從哪裡來？端看你信的是耶、回（伊斯蘭）唯一真神；還是儒、道、釋三教，或是華人民間信仰、民間教派，亦或是儒宗神教的恩主公信仰的多神論；就會有不同的論述。而且，在多神論中，也有差異；非全然相同。

多神信仰：佛教西方三聖

儒教的多神崇拜

台灣宗教與社會協會

儒教器物崇拜：門神擬人化為尉遲恭、秦叔寶（左起）

您確實相信宇宙、世間有神靈嗎？

問自然科學家，百分之90以上存疑。問社會科學家，百分之90以上尊重。問神學家、信徒，百分之百相信。如果宗教徒不相信神靈，也就不用來此研習了！

然而，神靈來自哪裡？

一神論（monotheism）與多神論（polytheism）與有極大的差別。

前者，以全球主流信仰，排名第一、第二多信徒的基督宗教、伊斯蘭教為主，加上古老的猶太教；皆認定只有「唯一的造物主」，祂的名叫上帝或阿拉，是至上至高唯一之真神。這三教的造物主，皆為同源。

多神論者，以排名第四的華人民間信仰，中土的儒、釋、道教、民間教派；全球原住民族信仰的原始宗教，北歐神話宗教，及排名信徒人口排第三的印度教等為代表。

儒教祖先崇拜：廟宇開山祖師神主牌（中）、厲鬼轉為文武大眾爺（左、右）

它們相信自然神、神話神、小說筆記神、教主神、功國偉人神、器物神、地獄主宰神、祖靈等多類型的「神靈」。後者，以「萬物有靈」（animism）為底蘊，逐漸地堆疊出各宗教、教派的神靈或祖靈，成為信徒的信仰對象。

華人儒教、釋教、道教、民間教派、民間信仰。雖說，它們皆屬多神論，其卻各有相似、交融、相異之神靈。

在此，只論儒教之神靈。

它承襲「商朝」祖先崇拜及上帝信仰；建構出「祖先」、「自然神」、「器物神」、「功國偉人神」四類型的「神靈」崇拜。

先言祖先的祖靈。

人死為「鬼」，又分三類：有子孫奉祀的「歷代姓氏祖先」，無子孫祭拜的「泰厲、族厲、邑厲」及跨姓氏子孫感念其對民族、國家、社會之重大功德，而加以崇敬的「功國偉人」等。

孔子要子孫「祭之以禮」、「葬之以禮」，奉祀「祖先」。《禮記・王制》中說，天子、諸候在一年四季，必須要至宗廟各祭祖一次，稱為「春礿、夏禘、秋嘗、冬烝」。孔子將祭祖與道德結合，具「飲水思源」、「食果子，拜樹頭」的感恩心裏，希望達到「慎終追遠，民德歸厚」之效果。

其次，言功國偉人神崇拜。

當祖先為百姓作出「文」、「武」兩類的貢獻，根據《禮記・祭法》：「法施於民，以死勤事，以勞定國，能禦大菑，能捍大患者；民皆可祭祀之」。雖死為鬼，實成典範、神靈，享廟宇之俎豆、香火。

第三，談自然神崇拜。

商周即有「日、月、星、河、海、岱」的六宗信仰。「日、月、星」稱為「天神」，「河、海、岱」稱為「地祇」。再加上「昊天上帝」、「土地祇」、「風、雨、雷、電」等大自然現象。因人的想像，認定祂們皆有神靈，才如此偉大。

孔子對此，以《論語・八佾》篇中，與弟子的對話，隱含他老人家對祭天、地、祖先儀典的重視：「子貢欲去告朔之餼羊，子曰：『賜也，爾愛其羊，我愛其禮』。」

最後，看器物神靈。

不少人忽略孔教的「器物神」崇拜。在《周禮・春官・大宗伯》言，天子祀五種器物；《隋唐通典天子七祀》中言：「依殷制，天子祭五祀：戶一，灶二，中霤三，門四，行五也。」

依周制，王為群姓立七祀：曰司命，曰中霤，曰國門，曰國行，曰泰厲，曰戶，曰灶。諸侯為國立五祀：曰司命，曰中霤，曰國門，曰國行，曰公厲。大夫立三祀：曰族厲，曰門，曰行。適士立二祀：曰門，曰行。庶人立一祀：或立灶，或立戶。

將不同階級分別，作不同的器物及厲崇拜。用來司察小過作譴告者。漢王充

儒教功國偉人崇拜：關公與岳王（中）、張巡、許遠雙忠王（左、右）

《論衡‧祭意》：「五祀報門、戶、井、灶、室中霤之功。門、戶，人所出入，井、灶，人所欲食，中霤，人所託處，五者功鈞，故俱祀之。」這種器物神靈的解釋，比較吻合孔子的道德律；宣稱此為「崇本報始」，報「出入、飲食之功」。

在儒者的萬物有靈論之崇拜、祭祀，賦予濃郁的「道德」價值。使得百姓對神靈、祖靈的膜拜，再也不會虛空飄渺。敬拜祖先，想到祖德流芳；敬拜功國偉人，想到祂們的文治武功；敬拜器物、想到祂們的的護衛、飲食之功。

簡單講，只有一句話：儒者的萬物有靈論之多神崇拜，是人類理性的「道德靈性」，與「祖先」、「自然神」、「器物神」、「功國偉人神」四類型的「神靈」之連結。對此，您又如何看待呢？

儒教自然神崇拜：太陽與月亮（左起）

全球主要宗教對一神論與多神論比較表

	宗教別	至高神	教主	科儀	經典	神職	祖先
一神論	基督教	上帝	耶穌	禮拜	聖經	神父、牧師	懷念
	伊斯蘭教	阿拉	穆罕默德	禮拜	古蘭經	阿訇	懷念
	天理教	父母神	中山美伎	月次祭	神樂歌	用木	祭拜
多神論	儒教	昊天上帝	孔子	釋奠禮	四書五經	老師	祭拜
	道教	三清道祖	正一：張道陵 靈寶：葛玄 全真：王重陽	禮斗 超度 持戒	道德經 靈寶經 清淨經	道士	祭拜
	佛教	三寶佛	釋迦牟尼佛	焰口施食	法華經	僧尼	祭拜
	鸞堂	恩主公	關帝、呂祖	扶鸞	列聖寶經	鸞手	祭拜
	民間信仰	天公	廟宇主神	多元科儀	主神經典	法師、乩童	祭拜

神靈歸到神聖物

台灣宗教與社會協會

住家神龕：儒教神主牌與民間信仰觀音神禡畫像

華人常言：「頭上三尺有神明」，意指神靈似乎無所不在，隨時隨地都在記錄你、我的功、過、善行、惡舉。

先就神靈所處的「環境空間」來看：

每到各宗教場所作調查，我們可以發現，神、佛、仙真、聖賢即擺在神殿中，供信徒崇拜。但是，「制度性宗教」(institutional religion) 又與「擴散性宗教」(diffused religion) 大不相同。

神聖空間：華人宗教寺廟、天主教堂、孔教墓園旁的后土神牌

　　前者，神常在教堂或清真寺中的作禮拜的場合；後者，神靈除了在神殿宮廟堂之外，尚可以在家中神龕，甚至在山上的墳場旁的后土。也有在廟埕空地搭建醮場，三川殿下置天台擺三界公桌，或是在任何空地結界灑淨後，作為過火、安龍奠土、招魂等法場。皆可以請神降臨臨壇、醮場、法場。

　　再看「神聖物」，來理解神歸屬在哪裡？

　　孔教的神聖物以「神主牌」為主。不少人以為孔教（儒教）早已不復存在，事實上，它與佛教、道教、民間信仰、民間教派緊密相連。在孔廟、國家忠烈祠、新竹新埔褒忠義民爺祠，皆以奉祀神主。聖賢、烈士、為朝廷殉難者之英靈就在其中。

　　此外，在北京天壇、地壇的神殿中，尚保留清皇朝遣官祭拜天地的滿文、漢文並列的神主牌。除了神殿有神主牌外，兩岸三地各姓氏宗祠、台灣部分自宅設神龕祭祖先者，也會立神主。

　　而且，在佛教、道教、民間宗教的宮廟寺院中，常見到功德堂內的神龕；常立開山祖師爺或歷代對寺廟有功的先賢功德主之神主牌。祂們得以陪祀主神、配祀神，永饗香火及俎豆。或是在一貫道、先天救教、彌勒大道等民間教派的神殿；皆可見到大大小小型式不一的神主。

　　由此可見，孔教並非消失，而是滲入到各宗教中。神殿中可見到神主，連法會上，也隨處可見！

三看「神像、神將畫像」，神靈就在其中。

華人習以為常，將歷史上的功國偉人、教主塑成雕像崇拜。連自然神、器物神、想像神、小說神都可以「擬人化」，塑造成人型、作成大神將、畫成神像掛軸，再加以膜拜。

因為，不少自然神都是「無形無像」。以祖先在拜天、祀地為例，他們以為祭祀時太過抽象。不如將天公塑成玉皇大天尊及地祇塑成后土元君、土地公或地母的形象。如此一來，崇拜有了具體的偶像，也比較容易些、踏實些。

至於「神將」常由護法神製成，平時祂置於主神兩側。如媽祖的千順將軍、關帝的關平太子與周倉將軍、保生大帝的十六尊護法、玄武大帝的溫康馬趙元帥等；在迎神賽會、神明遶境進香或暗訪驅鬼時，作為陣頭，祂走在主神的神轎之前。祂們皆已開光，因此被視為神靈已在神將之中。

再來為「畫像」捲軸：每逢宮廟慶典、神明聖、禮斗法會，廟方人員延聘道士團演科。他們會事先將三清道祖捲軸畫像置在廟裏神殿中央，兩旁再掛上護法靈官、護壇神將的畫像。

最後，神靈尚可歸屬在哪裡？

華人宗教神聖物：孔教神主、民間信仰神將、神像與佛教十殿閻羅畫像

我以為「令旗」、「香爐」、「香火袋」、「符令」、「紙紮物」等，皆有神靈。

　　到大廟進香，黑令旗代表玄武大帝先行，主神在後壓軸。如果到南投受天宮申請分香，大部分只能迎黑令旗返家供奉。又如果伴隨媽祖遶境進香，可以執媽祖進香旗到每個廟宇過香爐的香火，代表此旗的靈力，返家後，可置此旗於神桌上，代表敬拜媽祖。

　　另外，每個廟門口幾乎置放天公爐，象徵天帝在此。信徒朝爐對外朝天空仰望膜拜，代表禮敬天神。向廟方請領香火袋，袋內有符令，代表神明在此護體。符令上書寫三清道祖、主神、北斗罡，象徵此三尊神到此，保護信徒。中元節普度，廟門口置「普度公」、「土地神」、「山神」等紙紮物，只要開光，代表有神靈。

　　神靈保佑無所不在，當我們「祭如在，祭神如神在」，神不假外求，祂存在我們心中！。

華人宗教神聖物：保生大帝平安符與土地神紙紮物、玄天上帝黑令旗（左起）

神靈的起源與類型

台中教育大學教授 龔昶元

華人宗教神靈：天公玉皇大帝與太陽、太陰的自然神崇拜

1. 起源

「神」、「靈」是人類共有的一種超自然的概念，是超自然體系中的至高者，不受自然規律限制。反之，卻高於自然規律或者創造了宇宙萬物和自然規律，並主宰宇宙萬物和整體世界，能對物質相位施加直接或間接干涉（維基百科）。

神來自哪裡有許多的概念，包括「神啟論」，即是由已存在的神（如傳說中已登上天的古代人物），主動顯現諭示的事件，這些事件由各地區的歷代「先知」所行使的神蹟被實證、口耳相傳並被現場見證的民眾記載其神蹟，或是由其門徒受啟示記錄，或傳講而留存傳世者。

「虛構論」是指「神」的誕生與出現，是無數代人類為了抵禦對死亡的恐懼而構築出來的機制化，從靈格、分裂為三的神格（父性、人性、獸性）。此理論主張「神的出現」、「神的做工」，是人類潛意識中不願意背負罪疚感和內疚心理，拒絕「萬物終將消亡」的信仰下，以群體默契對內心隱藏的知識學習。

華人自然神崇拜：以神主牌展現雷、風、雨、雲、月等神明（左起）

「神化論」是，認為神的觀念源於原始社會時期，此觀點認為「神」是由人對死亡恐懼而建立，一切人力所不能及的事與物，皆被神化。「神」最初源於物神，隨著社會結構和文化發展，神的形象、神的本體及神的數量皆逐漸變化，由簡單的物神轉為複雜化；由眾神分職，演化成一位至高無上或多層階級的天神體系；也由流傳於氏族，轉為流入部落、民族甚至走向聯合的世界性，由多神轉為一神化。

對於華人宗教而言，人類會將一些具有重大貢獻的人神格化，也就是賦予其神的特質，而古中國有些皇帝則會「封神」，即賜給被封神者「神」的地位。多神論主要來自「天地萬物皆有靈」的思想，在人類所有的社會中都存在這種概念化的偶像。

2. 類型

儒家周禮將神靈依位格及屬性分為天神、地祇、人鬼三類。最高級為天神，包括天上的所有神明，其中以天為最高神（又稱帝、上帝、天帝、上天、皇天、老天爺），道教稱為玉皇大帝；其下轄天界諸神有日神、月神、星辰之神、風伯、雨師等。其次為地祇，以后土皇地祇為首，統轄神州地祇、大社、國社、鄉社等各類土地神，及山神、河神、動植物神，乃至灶神、地基主、門神、井神、行神等各類居於地面的大小神明。

接著為人鬼，指被神化的聖賢、偉人、英雄、宗教人物及祖先乃至各類亡靈

等，有些和特定職業相關成為行業神。依據學術的定義，天神、地祇均為自然崇拜，人鬼為祖先崇拜。在道教中，三類神靈皆可泛稱為神仙，分為先天尊神（自然神）、後天尊神（人物神）兩大類，而人物神又主要分為修練成神（仙）、功德成神（神）兩類。上述儒教、道教神祇構成了華人民間信仰的主體崇拜對象。

所以，對於華人民間信仰的宗教主體崇拜的神祇而言，「神靈」的來源，神的形象、神的本體及神的數量，通常不主張「虛構論」、「神啟論」等理論，而多屬來自「人靈」，即聖賢、偉人、英雄、宗教人物及祖先乃至各類亡靈等隨著歷史發展、歷朝皇帝的表彰提倡、當代社會情勢、人心趨向而逐漸演化或轉化為「神格」成為宗教信仰奉祀的「神」，如關聖帝君、媽祖等皆為顯例。以關公的神格轉化為例，本是三國時代蜀國名將，驍勇善戰，中國的正史及演義小說皆描述其事蹟，行事舉止以忠義為本，然在麥城戰役功敗垂成，蜀國後主劉禪封他為「壯繆侯」以表揚其功勞，自此成為民間信仰的「地方神」；宋朝朝廷開始將關公列為歷朝將軍的陪祀神，隨著歷史的推演，關公神格由三國時期的「壯繆侯」到宋、元朝成為「王」，入享將軍廟，明朝萬曆年間，各寺廟的祭祀已稱關公為

器物神：九天東廚司命灶君　　　　功國偉人神：岳武穆王為武恩主公之一

「帝」,清朝民間信仰的鸞堂系統,也透過鸞書經典著造,關公成為「玉皇大帝座前的宰相」,接著經由三教教主舉薦為第十八代「玉皇大帝」;此說法從中國大陸、台灣兩岸多所不同鸞堂的鸞文中多次被確認。可知,關公從戰役後壯烈犧牲,一生忠義行事事蹟感人,成為中國地方區域信仰的「靈」,經由《三國演義》文學小說、《三國平話》戲曲、宗教儀式及民間顯靈事蹟傳說,歷朝皇帝表彰敕封,政治領袖對神的期待與提倡價值的理想,隨著時間巨輪的演變,關公從「靈」格的角色,逐漸轉化成「多功能」的華人跨區域儒、釋、道三教的重要神祇。

這是華人民間宗教多神論的特色,我們所祭祀「神靈」的來源多屬歷史、社會價值的變遷、演化,人心的期待,產生神格內涵的變化;終而轉化為宗教信仰的紮實基礎。華人民眾信仰的神祇,其實是代表著每個人心中篤信而崇尚的人生價值與行事準則理想的認同。所以,神靈真正的歸屬無所不在,就在於每人的心中,也就是信眾信奉的真理大「道」。

祖先崇拜:寺廟中的神主牌位

萬物有靈論

前嶺東科技大學教授 呂宗麟

柏拉圖論述希臘多神論（翻攝網路）

　　英國人類學家泰勒（Edward Burnett Tylor, 1832-1917）最早提出主張原始人在形成宗教之前，先產生萬物有靈之觀念，而以為在人類物質身體中含有非物質之物，使人具有生命，此物若離，身體則喪失活動、生長能力，停止呼吸。泰勒以拉丁字 anima 命名之，泰勒認為，宗教起源於原始人類對精靈和靈魂的信仰；一切宗教的最主要特徵（「宗教的最低限度」）就是信仰精神存在，其最簡單的表現形式就是關於人的靈魂的觀念，靈魂是位於人體內部而與人類相似的某種東西；進而發展為包括更複雜的宗教教義和祭獻儀式，以求對神靈施加影響，以控制重大的自然事件。

　　萬物有靈論將自然現象精靈化，是宗教和唯心主義哲學的來源之一，該理論認為人、動植物和自然界的事物，不僅有被感知的特徵，而且還有一種特別活躍的不依賴物體本性的本原─靈魂，它不同於巫術，巫術信仰人本身可以用超自然的方法直接影響事物；也不同於萬有精神論，萬有精神論信仰自然界有非人格的靈性。

　　萬物有靈論思想亦出現在各種不間斷的宗教哲學體系中，柏拉圖（Plato，前429~前347）、亞里斯多德（Aristotélēs，前384-前322）、斯多亞學派（Stoicism）、經院哲學均以此解釋靈魂和肉體的關係，當然均確實相信有神靈。

中華文化天帝論

前嶺東科技大學教授 呂宗麟

用神主牌展現中華文化中的天帝（又稱昊天上帝）信仰

　　神靈自何處來？各個宗教有不同的論述，本文以在中華文化中的「天帝」論述為主，在基督教傳入中國之前，古人口中的「上帝」到底指的是什麼呢？為什麼會與西方的 God 產生混淆呢？要回答這個問題，我們需要從這個方面來思考：一是中華文化中對於最高神或天命者的稱謂；二是西方傳播者對於中文詞彙和概念的理解和選擇；首先，在中華文化中，上帝是一個泛指最高神或天命者的通稱，在不同朝代、不同思想流派、不同文獻中，上帝的涵義也有所變化，例如，《說文解字》將「帝」解釋為「諦也」，即真理或真實之意；《爾雅釋詁》將「帝」解釋為「君」，即統治者之意；《白虎通義》則說「德合天，稱帝」，即符合天道者才能稱為帝王；《呂氏春秋》則說「帝者，天下之所適」，即人心嚮往者才

能成為帝王,可以看出,「帝」字本身並沒有任何宗教色彩或超自然屬性;然而,在周朝時期,「昊天上帝」這個尊號出現了,並被用來指代最高神或天命者,《周禮‧春官‧司徒》記載:「昊天曰皇極曰太皞曰太皇曰太玄曰太元曰太始曰太清曰太極曰無極」,這裡列舉了九個對應於昊天上帝的名號,並以無極作為終點,無極就是無限、無邊界、無形象、無可言喻之意,《易經‧繫辭下》說:「易有太極,是生兩儀」,說明易經認為萬物都由無極演化而來;而在 16 世紀到 18 世紀初期,天主教耶穌會傳教士來華傳教,他們在翻譯基督教經典時,遇到了一個難題,如何用中文表達基督教信仰中的最高神—God?他們發現,在中文中已經有了一個與之相似的概念 - 上帝,這個概念既有儒家經典中對於天命者的稱謂,又有民間信仰中對於最高神或天神的稱呼,他們認為,「上帝」這個詞既能表達基督教神學中 God 的意義,又能與中國人的思想習俗相契合,因此,他們採用「上帝」這個詞來翻譯 God,並將基督教視為「天主教」,即「上帝之教」,這樣做的代表人物有利瑪竇(1552-1610)、白晉(1656-1730)、南懷仁(1623-1688)等人。

筆者以為,對於中華文化信仰體系而言,「天帝」一詞或許較「上帝」更能具體表達傳統中華文化中的信仰體系,因為中國哲學中特有「道」的概念,作為宇宙萬有的本體,道的地位是獨一無二的,是最為根本的,而西方基督教中的上帝觀念同樣具有此獨一性,至高性,本原性,在老子那裏,萬有唯道所主,同樣的,在聖經當中,萬物唯上帝所主,不論從哲學上還是宗教上看,道與上帝分別代表了中西文化中的最高概念,故有《中庸》說:「誠者,天之道也,誠之者,人之道也」。

在中國殷商時代,上帝是高高在上、遙不可及的天神,人與上帝的關係,正如

《道德經》與《易經》皆稱太極為宇宙萬物之根

《禮記》所言：「殷人尊神，率民以事神⋯⋯尊而不親⋯⋯」（《禮記・表記》）所以，君王主要是通過祭祀賓帝的先祖亡靈來間接向上帝祈禱，或者是借助巫覡來傳遞天意，但在周人那裡，天帝與人（尤其是周王）的距離被拉近了，一方面，天帝關心地上君王和黎民疾苦；另一方面，作為天下黎民首領的周族統治者不僅可以直接祭祀天、向天祈禱，甚至自稱「天子」，能夠得到天帝的直接指示，周人的這種天帝信仰，某種程度上講是「絕地天通」之後世俗政權掌控的宗教信仰的本質。

這種人神關係的人為拉近，本質上可以說是周代君王在政治上的一種謀略，因為，周族作為西方諸侯，本臣屬於殷商，殷紂王荒淫無道，人民怨聲載道，周族才乘機糾集各路諸侯滅商自立。儘管自古皆是成王敗寇，但作為臣屬藩邦取代宗主統治天下諸侯，其政治合法性何在？畢竟，名不正而言不順，沒有政治合法性，新王朝統治者的政治權威和政治秩序是很難樹立起來的；這是周族作為新的統治者在滅商之後面臨的最棘手的問題，從西周初年殷商遺民的叛亂（如武庚與其舊屬諸國如奄、蒲姑及徐夷、淮夷的叛亂）或不合作（如伯夷、叔齊的不食周粟），以及周族統治集團內部的爭權奪利（如管、蔡、霍的謀反），即可看出新興的周朝由於政治合法性權威沒有建立起來，其

利瑪竇稱基督教至高神為上帝（翻攝網路）

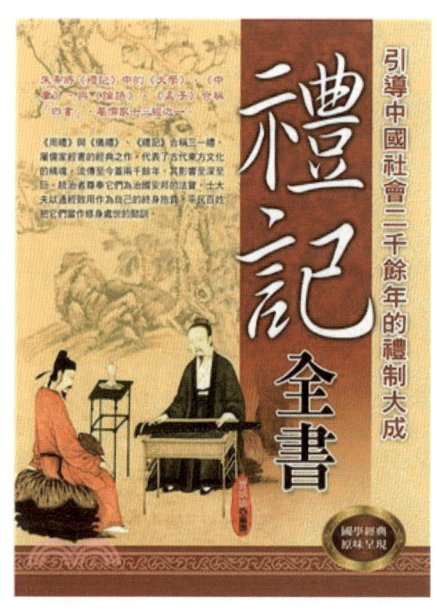

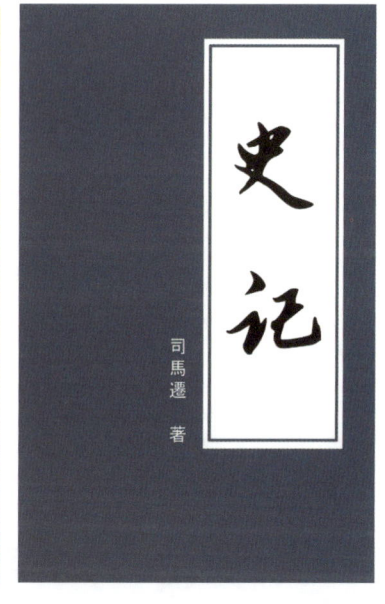

在君主政治時期，《禮記》與《史記》皆稱君王代表皇天上帝統治

政局的動盪和政權的不穩固，所以，建立周族特別是文王、武王的統治合法性，是西周初期最為嚴峻的政治問題，在那個信仰君權神授的時代，統治者的政治合法性來源於天帝的命令（天命、帝命），原先天命不在周族，而在商族，所謂「天位殷適」《大雅·大明》，商族才是歷來人們觀念中天帝授命的人間統治者；所以，周族要取得其政治合法性，必須將原先屬於商族的政治合法性爭取過來，而爭取天命，必然需要拉進周族（尤其是周王）與天帝的關係，以顯示、標榜自己為天帝新寵，代替殷商統治各方諸侯乃是天命所歸，「膺更大命，革殷，受天明命」《史記·周本紀》，「皇天上帝，改厥元子茲大國殷之命。惟王受命，無疆惟休，亦無疆惟恤」《尚書召誥》，「昊天有成命，二後受之」，《周頌·昊天有成命》，「維此二國，其政不獲。維彼四國，爰究爰度。上帝耆之，憎其式廓。乃眷西顧，此維與宅」《大雅·皇矣》，因此之故，周朝的天帝以及天命信仰，本質上可以看出是周朝統治者一種政治形態建構的結果。

神靈的入神與退神

前嶺東科技大學教授 呂宗麟

　　按照行內的看法神靈既經入神、祭祀，就有不可思議的力量，故遵從古例「退神」才能當作文物，神像收藏如此慎重，乃關聯神世界的存在，非僅視為民間信仰而關聯三教，尤其儒、道的神道體制，從雕制完成後入神供奉就承擔其職能，就如陽間的官僚一樣，直到退神與退休，其間經歷香火的奉祀，其位階、聖諱及職司均有一定的規範。

　　換言之，從神道知識理解其實隱含著潛規則，在帝制時代既游移於兩種體制之間：朝封、道封，若未面對此一敕封制，就像漢學界引發的爭論，美國分子生物學家詹姆斯·杜威·華生（James Watson）提出「標準化」後，加拿大漢學家宋怡明（Michael A. Szonyi）反論宣稱「標準化創造的幻想」，其差異的關鍵即在敕封問題：前者為天后，乃屬朝封的祀典神；後者的五帝／王爺則是道封制下的瘟部，此種反差值得省思。

歷代朝廷加封媽祖　　　　　　　　　　　道教封五福瘟王

4-1-2 能確認神靈會降筆
相信神明降臨及降筆

淡江大學教授 張家麟

您相信神靈存在嗎？如果相信，就可能再相信會透過人代言。在整個東西方宗教史上，為神靈代言的各教教主甚多，西方宗教中的著名教主：有耶教的耶穌、伊斯蘭教的莫罕默德、耶穌基督後期聖徒教會的約瑟夫・史密斯等人。東方宗教著名的教主則有：原始佛教的悉達多王子、正一道教的天師張道陵天師、靈寶派的葛玄與葛洪兩仙師、淨明派的許遜真人及其傳承的閭山派陳靖姑、日本天理教的中山美伎、韓國大巡真理會的姜甑山及趙鼎山、統一教的文鮮明等人。他們都

行忠堂派下鸞手－張其年通神降筆

是自己宗派神明的代言人，或通神或揣摩神意，說出神的經典及話語。

而在儒宗神教部分，從大宋以來，三教眾神透過乩生降筆。著造經典，書寫詩文勸世，開藥方濟世，寫籤詩救世。比較著名的乩手有清朝楊士芳、李望洋等進士乩手，到日據時代行忠堂派下的李宗範及其分香的三芝智成堂的郭木生、楊明機等人，到國府時代行忠派下方興未艾，有張其年、杜爾瞻、林六善、楊明心等鸞手，跟序於後。

當下，行忠派下葉雲清依舊扶鸞濟世於三芝錫板智成堂、淡水行忠堂、台北丹天善堂，傳承鸞法於基隆代天宮。中部地區扶鸞重點為中華玉線玄門真宗教會，由玄興教尊培訓修行成鸞的玄妙師等 20 餘名鸞手。而在南部扶鸞重鎮為高雄意誠堂，有林茂伸等鸞手為恩主公代言。當天不言，神不語時，唯有透過教主、通神者、神職人員、鸞手，為天、為神說話。信仰者深信神靈降靈到神殿、鸞堂、鸞筆或乩生，由他們代天宣化，服務蒼生。

神靈降筆的特質及功能

台灣宗教與社會協會

鸞堂神靈降筆具代天宣化之功能

「先信理，再信乩」，此為漢人跨教派神靈降筆的本質。

我以為，此本質之道理有三：

1. 代天宣化

乩筆用來代天宣化，不違反此理，始得確信。若降筆寫出「怪力亂神」之文，此筆可棄，視之如敝屣。用來喚醒、警示民眾，在亂世中，如何自處、待人處世。

2. 跨教之善

唯有此理吻合儒、道、釋三教，或儒、道、釋、耶、回五教之「善心、善念、善語、善行」之意理。與時俱進，順天應人，利益眾生，方為「飛鸞」之「善堂」。

3. 以儒為宗

神靈降筆須以「孔教」道德律，作為入凡間的修行方法；再輔以「道教」、「釋教」之超越人世間之戒律及德性。進入此修行之門，「由凡入聖」外，也要「凡聖雙修」。

其次，再言神靈降筆功能如下：

1. 著經

最早，在宋朝扶乩造《太上感應篇》，被理宗皇帝肯定，為它題「眾善奉行，諸惡莫作」作為封面，並付梓送給滿朝文武大臣。到清初，著《關帝全書》、《呂祖全書》、《文昌帝君陰騭文》，蔚為聖典化熱潮。到民國，林六善、杜爾瞻著《大道真經》、《瑤池金母普渡收圓定慧解脫真經》，風行兩岸。

2. 濟世

遠在宋朝，即有在農曆正月十五元宵節，扶乩問紫姑求姻緣之行。之後，透過扶乩問三教眾神，回應信徒公、私兩領域的問題。仙佛菩薩諸真列聖輪流登上鸞台，降筆賜符、降詩文，勉勵、化解信徒之困境。

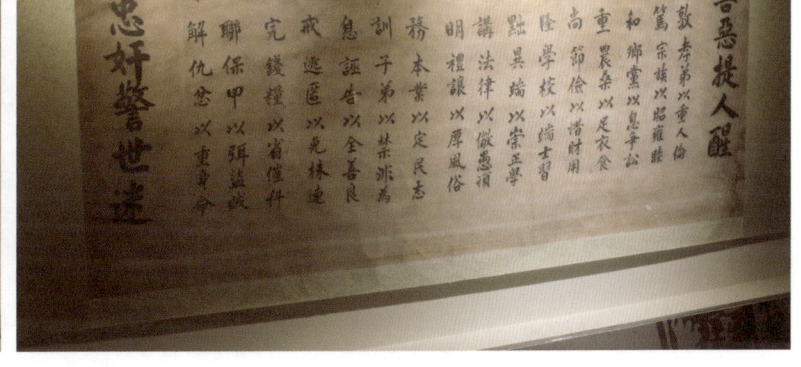

鸞堂的鸞生以孔子為師，修學孔教道德律

3. 刊印

到清領、日據、國府初期等三朝，本地鸞堂興盛。各地鸞堂扶鸞之勸世詩、詞、賦、歌、文，被執事者收集、編寫、刊印成「善書」。對神而言，此為代天宣化；對鸞生、信徒而言，助印為一功德。

4. 救劫

三期末劫的末世論始於明中葉羅教，影響了一貫道、齋教、鸞堂的扶乩乩文。再加上整個歷史，明末李自成起義、清中葉太平天國之亂、民國初年軍閥混戰、日本侵華，百姓如同處在水深火熱的「白陽期」，急待恩主公拯救於倒懸。因此，此為開堂、著造善書的重要原因之一。

5. 修行

入鸞門，如同如修門。成為沐恩鸞下生，無論登聖鸞，擔任正鸞、副鸞、唱生、抄錄生等三才，或是當接（送）駕生、鐘鼓生、敬茶（爵）生、宣講生等，只要參與扶鸞，即是修行。身為鸞門子弟，行、坐、臥、立、飲茶、食飯、工作，無處不是修行。

扶鸞具濟世蒼生疑難雜症之功能

6. 雅士

三教列聖仙佛降筆中,有一類為風雅騷客之詩文。鼓勵鸞生,生活再苦,也要如李太白仙翁的飄逸豪放,呂祖的仙風道骨,鍾離權的黃粱煮酒,陶淵明的歸去來兮、田園將蕪。大隱於市、於鸞堂。

7. 靈療

清領、日據時期,鸞堂得以興盛,有一重要原因是「醫療」。經由扶鸞開藥方,醫治疑難雜症,病癒後,為恩主公開立鸞堂;或招來更多的信徒。日據,日本政府為籌募款項,公開販賣毒品,開徵鴉片稅。此際,恩主公降筆開方、訓斥吸食鴉片的鸞生。治癒後,鸞務再次復興。

鸞生學修呂祖「黃粱一夢」之典範

8. 慈善

經由扶鸞降筆詩文濟世,化解信徒之困境。也降筆召集信徒作冬令救濟,幫助窮人過冬。更降筆行一年兩次的春、秋禮斗法會,為信徒消災延壽。這些作為皆免費,或作隨喜功德。使鸞堂成為「善堂」。

9. 成神

參與扶鸞、著造善書經典之鸞生,他或祖先或前賢皆可成神。在鸞文中顯現,○○前賢、往生的鸞生、參與扶鸞之鸞生祖先,由於生前行善,死後成神,回來以詩文現身說法。降筆鼓勵鸞生多行善、參與鸞務,為未來成神作準備。

由此看來,神靈降筆的特質不離儒、道、釋三教之意理,以人法地、地法天、天法道、道法自然之精神,為公去私。依此意理及精神,作為當代鸞堂執事辦理鸞務的依據。此外,當代的鸞生、鸞手,更應抱持「士不可不弘毅,任重而道遠」之志向。理解、反思、精進飛鸞的功能,並與社會需求緊密連結。如此,才能利益眾生、社會,進而促使鸞門再生!

4-1-3 人死後有靈魂

人的靈魂歸往的國度

淡江大學教授 張家麟

道教認為人逝後,由太乙救苦天尊將魂魄帶到「東方長樂世界」

　　人的靈魂歸何處:歸往那一個國度?

　　生前為道教徒,子孫在其死後,卻以佛教儀式辦理,將之送到西天極樂世界。這樣好嗎?

　　本地不少住民,未以死者的信仰辦殯葬之儀,是未尊敬「死者為大」之思想。為人子女者只顧著自己的信仰,強加在離世父母、至親身上。如此作為,未合「祭之以禮」、「葬之以禮」的儀軌,可以說是「極不孝」!

　　理論上,每個宗教都有它的「未來世界」及其主宰的神,彼此各有信仰空間。

　　佛教徒往生,有兩個世界可去。一為將之送至阿彌陀佛、觀音佛、大勢至佛主宰的「西天極樂淨土」;另一為歸至彌勒佛主宰的「都率天」未來世界。現在,

以前者為多；少見後者之儀。

基督教、伊斯蘭教徒死亡，在審判之後，安息主懷，回到「天國」。只不過是基督教稱此境由耶和華上帝主宰，伊斯蘭教則稱由阿拉真主掌控。天國來源一樣，卻各有不同的主宰。

一貫道受佛教及羅教影響，認為道親離世，應請彌勒祖師作主。其教徒、子女為之誦《彌勒救苦真經》，將之送至「都率天」世界，安靜、休息在無極老母身邊。

道教徒魂歸何處？根據第一代天師張道陵通神書寫的《北斗真經》，人之生命，命源、命終皆來自或歸屬北斗，祂是主宰生命之神君。再根據《太上洞玄靈寶救苦妙經》，作七旬、百日、對年、三年完墳之儀，魂歸「東方長樂世界」，由太乙救苦天尊主宰。

一般民間信仰者，為至親、家人辦喪儀，有的採佛教、釋教，有些依道教。而在喪葬「商業化」後，就依禮儀公司，大部分以「佛教西方三聖」作主，《心經》看板佈置靈堂。

同樣的情形，出現在各專科、大學的生命科系，皆以「佛教化」的靈堂，來培訓「禮儀師」；道教似乎被擱置一旁。因為，政府委託的靈堂佈置考場，早已「佛教化」了！

基督教徒死後安息主懷（翻攝網路）　　佛教徒往生到西方極樂淨土

最後，拜關帝、母娘、九天玄女的玉線玄門真宗教會信徒及門生，死後歸往而處？

絕對不是耶、回兩教的天國，也非佛教的西天。根據玄興教尊的說法：其信者最終魂歸「圓融國度」的未來世界。在修到人生的終點時，人人須「認祖歸宗」，「覆旨皈命」在關帝座下。

「圓融國度」的未來世界，與道教「長樂世界」雷同。但是，它異於「長樂世界」，具有濃厚的在世修行，終後得歸之意涵。玄門真宗自教尊以下，上上下下信徒，人人對此，似乎已有強烈且堅定的信仰認同。才會在本山立下「圓融國度」石碑。

講到這裡，可以得到了一個理論：「人的靈魂該魂歸何處？歸到自己信仰的未來國度，最為合適」。因此，千萬不要用錯喪葬科儀，讓先人歸錯國度，而犯了不該犯的錯，愧對先人了！。

玄門真宗信徒修行在世與往生的「圓融國度」境界

面對死亡的人生觀

前嶺東科技大學教授 呂宗麟

死亡是生命存在的終極問題，無論其性質為何－斷滅還是斷續，都是人們在世存有不可迴避的必經之路，人類若沒有死亡或許就沒有宗教，直接面對死亡，在宗教上就是有關生命的終極關懷，基於對死亡意義之探究所形成的不同信念，不論相信死亡就是斷滅還是斷續，乃造就不同的人生觀，依此人生觀而活，也就形成每一個不同的宗教人生；直面死亡，讓我們對自己的人生產生特定的態度，也就是形成某種信仰，任何宗教信仰均有其基依於死亡觀所形成的獨特人生觀，也就是說，宗教對於有關如何存在之生命意義的宣稱，究其實乃來自於此信仰對於死亡之洞見。

六道輪迴－天、阿修羅、人、畜生、地獄、餓鬼（翻攝網路）

在此意義上，宗教可以說就是人們直面死亡所形成的對待人生之價值態度，人們基於直面死亡而形成對待人生之價值態度，這種由死鑒生所形成的生命價值觀稱之為「人生觀」不外有三：一世的人生觀、二世的人生觀、三世的人生觀，這三種人生觀皆屬宗教信仰真理，而非科學事實真理，信仰真理必然導致宗教上多元主義的觀點；每一個宗教信仰都可以堅持其真理宣稱，但是對於其它宗教不同的真理宣稱，則應該真誠地彼此互相尊重，宗教對話的相互了解即應著重在此不同的相異處之真確體認上，然而更重要的還在於每一個信仰反思的自我了解，透徹了解宗教上的真理宣稱，其所宣稱的不過是信仰真理而非事實真理，方能生起對於不同宗教的真正尊重，這種「和敬」的精神可以說是多樣性和諧融合的大前提，臻至圓融國度，死後亦往「圓融國度」。

中國祖先崇拜

前嶺東科技大學教授 呂宗麟

中國祖先崇拜（ancestor worship）起源於神靈鬼魂的觀念，《禮記》檀公篇「骨肉復歸於土，若魂走則無不之也」，因此，身體肉身雖寂滅於世上，但並表示靈魂亦隨之而逝，在原始上會中，經驗與嘗試往往是領導者必備的條件之一，指導人們自衛與謀生，因此當長者死後，祖先遂被神秘化，並被不斷被神化的過程，祖先儼然具有一股神祕的力量，在冥冥中觀察子孫的言行，並予以賞罰，子孫亦相信經由墳塚或祖先牌位的祭祀，可使子孫免於災禍，亦因此產生祖先崇拜之所有行為，祖先崇拜經時間的蛻變，中國濃郁的宗法倫理亦因此而奠立起來。

嚴格來說，在大部分不同文化中，祖先崇拜和神靈崇拜不太一樣，對神靈崇拜是希望祈求一些好處，但對祖先的崇拜應僅是表達親情，但有些文化如儒家和大乘佛教是將祖先當作神靈一樣的崇拜，祖先崇拜是在母系氏族社會向父系氏族社會的發展過程中，由圖騰崇拜過渡而來，即在親緣意識中萌生、衍化出對本族始祖先人的敬拜思想，最初始於原始人對同族死者的某種追思和懷念，氏族社會的演進確立了父權制，原始家庭制度趨於明朗、穩定和完善，人們逐漸有了其父親家長或氏族中前輩長者的靈魂可以庇佑本族成員、賜福兒孫後代的觀念，並開始祭拜、祈求其祖宗亡靈的宗教活動，從此才形成嚴格意義上的祖先崇拜。

因為祖先崇拜歷史悠久影響深遠，古代皇家就建有宗廟，民間則廣建祠堂，各地家族的祖墳也要盡力保護，宗廟社稷，就用來代指國家，孟子有云：「若殺其父兄，繫累其子弟，毀其宗廟，遷其重器，如之何其可也？」、「毀其宗廟，遷其重器」，就意味著國家覆滅，後來，沒有「重器」可遷了，單就剩下「毀其宗廟」了。

宗祠－華人祖先崇拜淵遠流長

4-1-4 神可以進入你的身心靈
神進入身、心、靈

淡江大學教授　張家麟

巫為全球各宗教普遍的元素，乩童則為華人宗教的一類巫師

神可以進入你的身心靈嗎？這是一個有意義且有趣的學術問題！

不過，自然科學家視為荒誕不羈，甚至嗤之以鼻；部分精神科醫師則認為他們是心理病態。社會科學家則持相反意見。他們對此古老的問題感到興趣，視為人類既存的社會、人文、跨宗教現象，而加以理解與尊重，並嘗試解讀它。

宗教學者最早記錄此「人通神」或「天人合一」、「天人溝通」的現象，稱之為「巫」；宗教人類學家在全球各地作原住民部落調查，發現有雷同的現象，而稱此巫者的行為為「跳薩滿」，土著的此種信仰為「薩滿主義」（shamanism）。

宗教心理學家詹姆士（William James，1842-1910）是最早用「人同此心，心同

此理」的態度，對通神者作記錄。他用一個特別的詞彙-「神祕主義」（mysticism）來形容「人見到偉大的、超自然的造物主（神），內心油然而生的感動、震撼情感」。另外再把「人與神溝通，身心靈被神附體，為神所用」，稱為「奧秘主義」（occultism）。

　　榮格（Carl Gustav Jung，1875-1961）則把《呂祖全書》中的《太乙金華宗旨》修道法門，介紹給西方學者。認為漢人在此書提到的修道方法，具有「調和有意識的自我與無意識的心性，而後得以超越自己」之功效。頗有修行者打坐自我證成，內在的心靈與超自然現象的交通，得到愜悅滿足，頗具神秘主義的味道。

　　如果言人與神相會，只能說是「神秘主義」現象。而說人為神所用，就屬於「奧秘主義」行為。

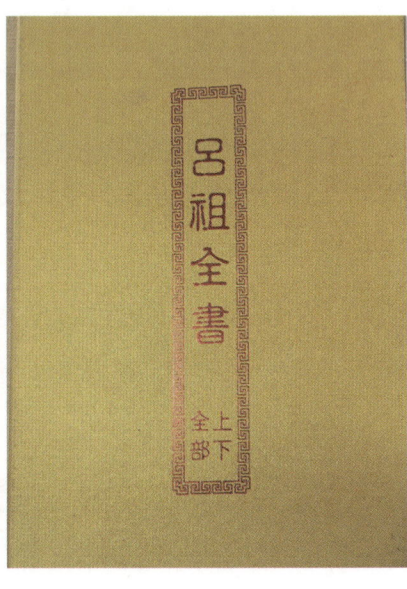

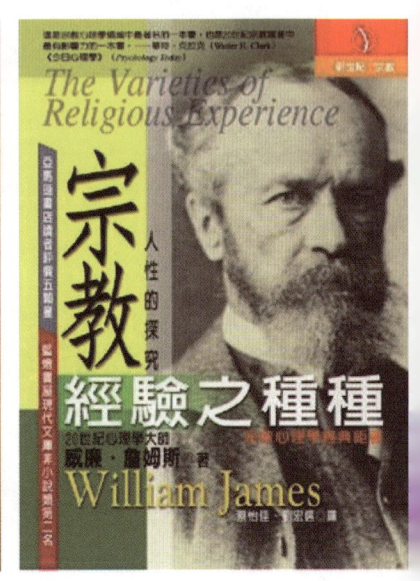

心理學者榮格、詹姆士對巫現象存同理心的詮釋（翻攝網路）

乩手通神的狀態

台灣宗教與社會協會

玄門真宗扶鸞：玄妙師採閉口單鸞通神

當乩手或鸞手進入冥想、通神的狀態，可以分為：「亢奮」（in ecstatic state）、「恍惚」（in trance state) 兩種行為模式。前者，動作、表情趨大，異於常人的穩定正常。後者，神情迷惘、搖頭晃腦。

跳薩滿者又分：「知道自己」及「不知道自己」兩種狀態。

前者是指身體為神所用，仍然存在自己的知覺。你的身體由你自己作主；你可以操作神，甚至你就是神。後者則是指身體為神所用，完全忘記了自己的存在；猶如神完全掌控你，你只是神的使者、媒介。

這兩種模式，那種較為合理；公說公有理，婆說婆有理。在我看來，「信理才信乩」，當乩手的乩文脫離了儒、道、釋三教之理，已經屬於「不合理」的乩。反之，如果合乎三教之理的邏輯，當然屬於「合理」的乩

另外，在我對扶乩者的研究中發現，神降臨至乩手身上，分為降至「鸞筆」、「腦海」、「身體」三種情況。

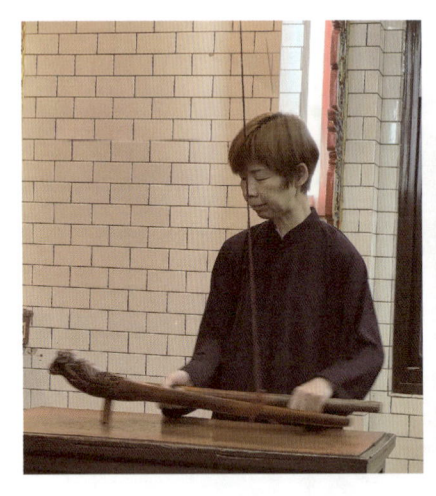

基隆代天宮通神與鸞筆　　　　　　　　　高雄意誠堂採雙鸞閉口

第一種，由「鸞筆」帶動，書寫乩文。常見乩手單獨操作鸞筆，另一端繫繩於屋樑上。不過，這種扶乩，現已少見。

第二種，神示於乩手的「腦海」，由正乩執鸞手在鸞台或沙盤上搖動，由他出口成章，記錄生記寫出乩文。

第三種，神附於乩手的「身體」，他（她）進入忘我的境界，完全交付給神。執起鸞筆在沙盤上逐字書寫而噤聲，再由唱生唱出文字。現在，台灣不少乩堂採用此種模式通神降筆。

在我看來，神可以進入人的身心靈嗎？此種「通神」現象，絕對是少數修行者的行為。欲達成此境，得有名師指導。且要熟悉恩主公信仰的經典、符、咒、讚，更應該懂三教義理及當代的社會需求、困境，始可有成。

否則，一代乩手、宗師作不成，還可能會走火入魔！

表　扶鸞通神類型比較表

類型	神附體於鸞筆	神進入乩手腦海	神附體於乩手身體	
代表宮廟	基隆代天宮	三芝錫板智成堂	玄門真宗	高雄意誠堂
鸞手	林亞若	葉雲清	柯貞如	林茂伸
開口與否	不開口	開口	不開口	
單雙鸞	單鸞懸吊	正副鸞手雙鸞	單鸞	

4-1-5 人與神同行的目的

神的教誨：以玄門真宗為例

淡江大學教授　張家麟

每位信徒，都應該確認此生此世，神靈要我們做什麼？這可是一輩子的宗教志業。

問題是，如何得知？

是在自己人神互動、天人合一之際，理解神靈旨意。或是謙卑的思考、修行，從「神或神像的精神」、「經典之意涵」、「代天宣化的師父」，作一個篤定的自己，投入宗教行列。

我以中華玉線玄門真宗教會為例，說明如下：

該宗教以關聖帝君為主神，敬拜的神像造型、精神典範為何？是拜拿青龍偃月刀的英勇武將關將軍？還是護衛佛菩薩神殿的「伽藍尊者」？一貫道神殿的

玄門真宗以玄靈高玉皇大天尊為典範

「法律主」？亦或是手執《春秋》，悟五常德的玄靈高玉皇大帝？答案再清楚不過了，該是最後一個。

當我們拿香「拜神，不知其理，是『亂拜』；反之，拜神，知其理，是『精緻祭拜』」。在今日知識、科學昌明，我們教導信徒依理精緻祭拜關帝，是要拜其精神，學習其典範。

遙想當時，祂身陷曹營。曹操設計讓祂與皇嫂共處一室，欲陷之於不義。沒

料到，祂手執《春秋》秉燭夜讀，悟透「仁、義、禮、智、信」之理。當下，祂從未僭越皇嫂，作非分之舉，嚴守為人臣之份際，實際上，已入超凡入聖之境界。

簡言之，不是在拜持關刀的英勇關帝；而是在拜實踐孔教《春秋》的關帝。因此，凡本教會之聖凡兩軌的門生、修士，皆應從關帝神像造型，大徹大悟傳統的「五常德」。

另外，本教會教尊通神後，為「五常德」作現代性的註解。既紮根於小學生，也當作入本教門者的修行的法要。

前者，延聘小學校長、資深教師，將「五常德」融入、編寫而成，各類課程及各年級生的教材。抱持「別人不教，我們來推廣」五常德意理的心情，讓學校恢復傳統倫理道德。後者，將五常德與本命、天命、祖命融合，稱為修「三命圓融」。

在今世五常德的「本命」。

修仁：追求法喜的「身體健康」，才能作其他的修行；修義：創造通達的「人際關係」，廣結善緣；修禮：經營「和諧的圓滿家庭」，以家為基礎，多行善；修智：建立「利益眾生的事業」，才有多餘資金弘法；修信：實現宗教的「精勤修行」，完成人生理想。

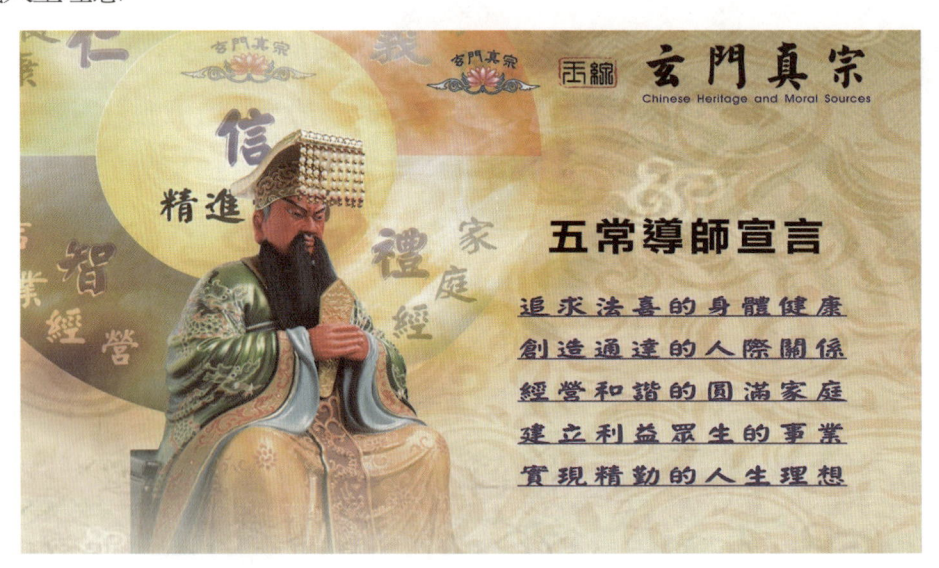

將關帝的五常德作現代性五常導師宣言詮釋

進而修五常德的「祖命」。

修仁：在家「孝順父母」為基；修義：進而努力、義不容辭「宏興家道」；修禮：再者，力行「追思祭祖」之儀；修智：對子女養育外，尚重家族「教育傳承」；修信：最後，勿忘人生修行，旨在「認祖歸宗」。

最後，修五常德的「天命」。

五常德本命的現代詮釋

修仁：理解人生有「生老病死苦」之生命歷程；修義：擱下在世間的「恩怨情仇」，心淨如水；修禮：回到自己的「名份歸宿」，行忠信、行篤敬，從不僭越；修智：了卻、放下人間的「功名利祿」，從此岸到彼岸；修信：最終回到理想的圓融國度，「覆旨歸命」，完整人生。

以五常德結合「三命圓融」，用「仁義禮智信」分別貫穿人的真實心性-「本命」、「祖命」、「天命」。因此，成為玄門真宗的門徒，無論在宅，或在社會，亦或在各道場，還是回到本山，皆以此為修行法要。

至此，神靈要沐恩鸞下如何持修、作什麼宗教志業，已經非常清楚。

用五常德入信關聖帝君，再以之修自己靈台，回應「本命」、「祖命」、「天命」。先修己，後度人，再弘法，利益眾生。如此一來，當我俯，低頭沈思、反省，毋愧自己的初衷信仰，抬頭再稽首敬拜和尊崇祖靈、神靈，毋愧祂的囑咐。

當人實踐神的交待，人靈就可與神靈合一。從此，超凡入聖，圓融無礙。

人與神同行

台灣宗教與社會協會

人為何與神同行？依照佛洛依德的說法，人具有與神同性質的「神性」。人得以和神一樣的超越世俗，具備無量慈悲、智慧、功德、恩典、福氣之能耐，賜予周邊人們，甚至澤被全球人類。

在他的論述：人由「本我」（id）、「自我」（ego)、「超我」（super ego）三種性質構成。「本我」是「動物我」；「自我」是真實的自己，又稱「真實我」；「超我」則是超越自我的「道德我」。

這三者與生俱來，人人皆有之。每個人都可以透過教育、自己修學、同修相互砥礪，將「本我」提升到「自我」，再從「自我」提升到「超我」；進入「神性」狀態；這是人人得以成神的因緣。重點在於人如何修品、修德如神，像神一樣，而這些也是人與神「同質性」的因緣。

在孔教、釋、道教的修行方法，有異曲同工之妙。

《孟子》滕文公上第一章，引用

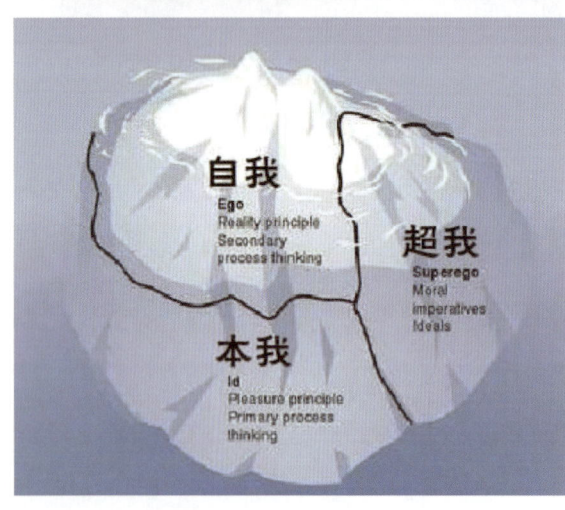

佛洛伊德的超我如同神性（翻攝網路）

顏淵的名言：「舜何人也？予何人也？有為者亦若是。」意指任何人只要有心，效法舜帝力行孝道、治理仁政之道，最後，人人皆可「成為偉大的聖賢」。

在佛陀的修行法門中，宣稱人人具有「佛性」，可以修「諸行無常，諸法無我，涅槃寂靜」；再修《般若波羅蜜多心經》中的「色受想行識」五蘊皆空。三修《金剛經》中的「一切有為法，如夢幻泡影；如露亦如電，應作如是觀」。如此一來，人人皆可「成佛」。

在《道德經》中言：人法地、地法天、天法道、道法自然。意指每個人皆有「道根」，可以向大地、蒼天、大道、大自然學習。最後習得土地媽媽的厚德，皇天的無私奉獻，而這些已是大道了。而大道猶如宇宙大自然般，只會「無私的給」，而不會「自利的取」。

由孔、釋、道三教的修行法門，可看出幾個端倪：

1. 本性：三教皆言人人皆具神性，可以修成正果。

2. 出入世：孔修仁義，佛修空無，道修有為而不取。儒教積極入世，佛教想盡辦法出世，道教則是在入世功成後出世。

3. 目標：孔重內聖外王；利益眾生。佛旨一切皆空；到達彼岸。道言看似自然無為，實則積極有為而後不取，乃似無為。

佛教修行以「自度度人」為法門

因此，如何在修行過程中，向神學習？得看你修的法派。修儒者不同於修佛者，同樣的，修佛者亦不可能同於修道者。切莫再言，三教道理相同；或言三教同源。而且，兼修三教者，難度高過兩教；兼修兩教者，難度高過一教。其理甚明，其義甚深。

當然，修行者誓必對神許下承諾，願意將此生奉獻給神。只是此誓願、承諾的內容，要由自己決定。這就得知道，您修的是那一個教門。猶如您練的是少林，還是武當；或是峨眉，亦或是崆峒一樣。

然而，萬變不離其宗，所有修行的教門，都在教導信徒修「修己」及「度人」兩個目標。

儒修人在世間的五倫、五常德。佛修離開世間的三塗苦、去貪嗔癡、六度。修道是在修「生而不有，為而不恃，長而不宰、功成弗居」之玄德。只要自己修，也要有雙修；不只是雙修，也要有共修、同修。

言至此，甚盼你我皆走上神期待的修行大道上，當你我與神同行，其樂融融。

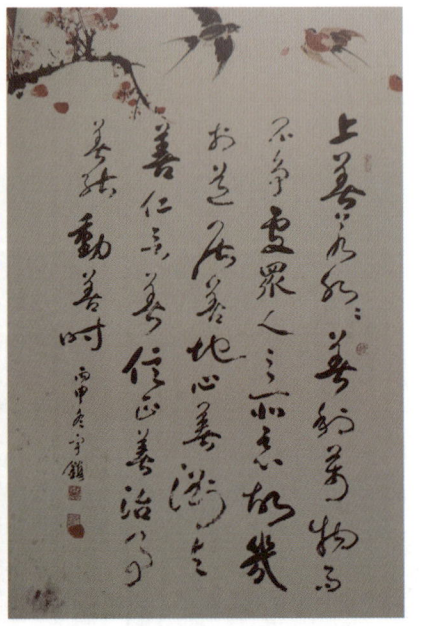

道教老子《道德經》中以修到「功成弗居」為最高境界

神靈超越人的生命

台中教育大學教授 龔昶元

玄門真宗將五常德作現代性展現

對於神的定義，東西方的宗教主張多認為神是超越時間、空間與物質的存在。人的生命是會死的，受時間、空間與物質的限制，而神的生命高於人的生命，大於人的生命，超越人的生命；神是無限的，人是有限的，神是超越歷史的，人是受歷史限制的。所以人與神正常的關係是神管人，人管動物與自然。

華人宗教對於神靈的信仰，除了上述基礎外，基本上是跟自我崇尚與信賴的「道」連結在一起的，祭拜神靈，根本而言，即是確認自己信仰的行事準則，自我實現的理想。這也是華人宗教觀念裡，人與神靈因緣關係的基礎，所以道德生活，永恆生命的意義與價值，都建立在與神的關係上。

例如我們信仰關聖帝君，就是以關公所傳承的忠義、五常德為理念，期望能透過日常生活的實踐達成身體力行的理想狀態，進而推展至人際互動，群體關係上。

由此，人與神的因緣關係是廣泛多方面的，包括生命的庇佑、人間的濟世與渡劫、對信眾生活遭遇困難的解惑指引、社會信眾功德的啟發與迴向、勸世救贖與啟示等。神藉著祂的神威能力，開啟宇宙及人的活動引導。人如果在行事的觀念與人生的價值上有所偏差，就不知如何面對神靈，也不會與神建立正常的關係。

向神學習到圓融國度

台中教育大學教授 龔昶元

2007年玄門真宗關帝降筆由關帝掌天盤、開創玄門山教派及門生共修九龍九鳳，成為關帝分身

要和「神靈」建立更緊密的關係，最好的方式是「向神學習」，意思是做一個「篤定的自己」堅定信仰神的諭示，凡事遵行神的旨意，虔敬的修法，服從神的法門與價值，趨向信仰的「正道」，且將其義理實踐於生活的行事舉止。也就是說「不但知道神的道，還要行神的道」，例如我們信仰關聖帝君，就要有系統的學習關公的忠義精神及五常德的奧義，並將之融入日常生活方式之中。

2009年於玄興禪院，龍聖尊者降下玄靈高上帝（關聖帝君）大誓願神諭，明確指示了「道盤斯薪天命授」（關公接掌天盤）；「立教為基國度就」（建立人間教門成就圓融國度）；「同領九龍九鳳做揖……吾平身素衣，待九龍九鳳之歸，衣錦方有，……九龍九鳳之靈，即是玄靈高上帝之身之分靈」（眾生能經由九龍

九鳳載體，大家一起共修，以全其功）；「靈祇入證三世因果一世清了」（誠心修法以了三世因果）等。

　　以上皆已明示成立人間教門（玉線玄門真宗）承載帝君在人間的任務使命，推動實施的策略，達到「三世因果一世清了」，「金玉滿堂」，成就「圓融國度」的願景。這也是玄門真宗自立教以來信奉遵行的「正道」根基，這幾年來執行的各種努力，包括修士的修行登階培育、關聖帝君教門神學體系的建立、關聖帝君修行內涵系統制度的建立，宮廟的交流活動、與神同行、大道向前行等交流論壇、天赦日關門會議、宗教科儀的變革創新及與現代主流價值的結合、企業、教育、宗教學術論壇的活動討論融入五常德課程的生活方式，偏鄉學童的獎助、關公路跑活動、台語講古比賽、關帝爺寫生比賽、國小五常德教材的編撰，五常德生活方式在人間的傳播（企業學習型組織五常德文化的建立、國小學生生活融入五常德的實踐）等關聖帝君五常德教義的傳播與推廣都是秉持關聖帝君所諭示的大誓願要求所履行的策略任務。也詮釋了人服膺神靈的大誓願，努力履行完成神的要求的最佳寫照。

玄門真宗引導信徒追求家庭、人際、事業、修行等圓融境界，而有金玉滿堂之福（翻攝網路）

Part 4-2 神靈與人靈之間：廟學高峰論壇

關門會議邀請藏傳佛教法師作「煙供」法會

起鼓

玄興教尊：今天是第四次關門會議，我們感到非常榮幸能夠邀請到各位德高望重的道長、學者蒞臨指導。

玄門真宗一直以來積極推動各項宗教活動。我們深信，宮廟除了舉辦宮慶、廟慶、聯誼等活動之外，更應該積極參與宗教專業的論壇，促進宗教文化的交流與傳承。

在座的各位道長，肩負著弘教傳法的重任。唯有在服務信眾的過程中，必須不斷精進自己的道學修養。

本次關門會議的主要目的，在於討論宮廟的人才斷層問題。希望為各位主事

者提供一個學習交流的平台，讓大家能夠聆聽學者專家的講解，學習先進的管理理念和傳承方法，進而提升自身的能力，培養人才，傳承道教文化。

今天教授撥冗出席天赦日會議，教授們皆對會議內容表示肯定。此外，各宮廟堂執事服務期間有所感悟，期望於會議中分享或針對議題發表意見，並將內容納入會議紀錄。未來將彙整出版本次天赦日系列會議資料，作為後續推廣之參考。

包容

張家麟教授：剛剛教尊一席話，我有兩點心得分享：

首先，今日適逢天赦日，一般信眾祈求天公赦罪，修道人則應先誠心懺悔，方能獲得天公赦免。玄門真宗舉辦第四場天赦日關門會議，功德殊勝，堪稱法布施。在此，我們要為玄門真宗的付出致上熱烈掌聲。各位與會者亦功德無量，同霑法喜，也為自己鼓掌致意。教尊曾提倡廟學合作，期盼學者與宮廟相互交流，學者進行研究，為宮廟提供養分。因此，第三個功德要歸功於龔教授、呂教授、梁秉和講師。

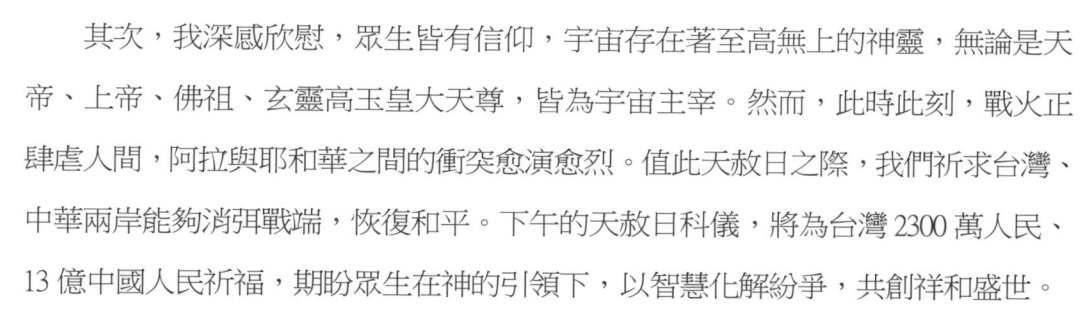

其次，我深感欣慰，眾生皆有信仰，宇宙存在著至高無上的神靈，無論是天帝、上帝、佛祖、玄靈高玉皇大天尊，皆為宇宙主宰。然而，此時此刻，戰火正肆虐人間，阿拉與耶和華之間的衝突愈演愈烈。值此天赦日之際，我們祈求台灣、中華兩岸能夠消弭戰端，恢復和平。下午的天赦日科儀，將為台灣2300萬人民、13億中國人民祈福，期盼眾生在神的引領下，以智慧化解紛爭，共創祥和盛世。

今天要討論的主題之一：請問在座各位想必深信神靈的存在，如是，才會蒞臨本次會議。請問，您是否認同神會藉由凡人降筆或通神？請舉手示意。再來，

您相信神靈存在,是否不畏懼死亡?同意者,也請舉手表示。

一神與多神

龔昶元教授:西方宗教系統以基督教為代表,奉行「一神論」(monotheism),認為宇宙萬物皆由唯一神所創造。神透過神啟的方式,向人類顯現其旨意,並在重大事件中展現神蹟,使人得以認識並信仰神的存在與守護。

東方宗教系統則多奉行「多神論」(polytheism),認為天地萬物皆有神靈存在。華人宗教的神與人關係密切,神靈往往被視為自然界或特定區域的守護者,例如山川神靈、九天司命真君等。

神祇的崇拜源自於漫長的演化過程。祂們對於世界的貢獻,逐漸在人們心中凝聚成信仰。歷朝歷代對神祇價值的肯定,更促使學者、文人對其敬仰、崇拜與信仰。關公、媽祖等功國偉人便是此類神祇的代表。

信仰的神祇,其精神內涵至關重要。我們對神祇的信仰,體現了我們對其所代表價值的認同。華人宗教與西方宗教的最大差異,在於「神與道」的合一,以及與理想價值的結合。玄門真宗的核心信念之一,便是追求獨立自主。作一個篤定的自己,需要堅定的信念。我崇尚這樣的神祇,亦遵循其所代表的道。信仰越虔誠,越能遵從神祇的典範,並將其教誨付諸實踐。

神啟與典範

張家麟教授:謝謝龔教授,他提出了兩個重點:第一個重點是「神啟」,即人與神交流的過程,神有可能藉此開啟人的智慧。請問各位,佛祖是在何處頓悟成佛的?答案是菩提樹下。佛祖是自行悟道,而有些人也能自行悟道。道教的張天師是自行悟道還是神啟?信仰道教的人都知道靈寶派祖師爺葛玄撰寫了許多經典,自行悟道的例子不勝枚舉。五祖弘忍將禪法傳授給不識字的慧能,慧能則是

依靠神啟悟道。我之前講述的耶教，耶穌也是自行悟道，摩門教的約瑟夫·史密斯亦是自行悟道。老師剛才從全球視野的角度探討了神通。

龔教授提到的另一個重點是漢人文化中關聖帝君靈與人之間的「典範」關係。孔子在《禮記》中提到了五個典範，我們都應敬拜，這五個典範分別是關聖帝君、孔子、岳飛、開漳聖王和延平郡王。這五個典範都具有法施於民、以死勤事、以勞定國、能禦大菑、能捍大患的品格。

《易經》中提到天具有包容萬物的能力，這也是兩岸清華大學的校訓：「君子法天」。天體運行不息，君子應效法天與地，自強不息，厚德載物。我們應效法天，每天精進自身，每日誦讀一首詩、背誦一個單字、許下一個心願、反省自身過錯。我們應效法地，厚德載物。總而言之，自強不息、厚德載物是良好的典範。

關聖帝君的典範是仁義禮智信。玄門真宗將仁、義、禮、智、信與三命（天命、祖命、本命）相連結，教尊提出了一套豐富而新穎的神學論述。在我看來，此論述與我研究的山達基教會有些相似之處。山達基教會教主朗恩·赫伯特將基督教現代化，用之處理現代人也面臨著的困境與問題。

修鍊身、心、靈

呂宗麟教授：神是否存在？您是否曾遭遇鬼魅？我們擁有三魂七魄，其中三魂分別為天魂、地魂（或識魂）與人魂。若三魂七魄離體，則需進行收驚儀式。由此可見，人與萬物皆具魂魄。英國人類學家泰勒認為，神明信仰先於宗教產生，因此宗教的發展始於神靈崇拜。

我對於教尊深感敬佩。在政府輕忽道德的情況下，教尊積極推動道德教育，令人欽佩。萬物有靈是中華文化的核心思想，關聖帝君與天帝信仰亦是中華文化的重要組成部分。有鑑於此，天帝教與天德教致力於推動宗教大同。

神與靈是否存在？答案是肯定的。因此，我們應注重三方面的養護：首先是

身體的健康，其次是心靈的健全，最後是靈魂的修煉。教尊提倡靈體修練，若不加以重視，恐將招致冤親債主的索討。此外，部分孩子投胎轉世是為報恩，另一部分則是為報仇。

張家麟教授：呂教授提到了萬物有靈的概念，英文為「animism」。中國人將靈大致分為四類：

1. 自然神靈：包括天神、地祇、風、火、雷、電等自然界的力量都被賦予靈性。
2. 功國偉人靈：例如關聖帝君、忠烈祠、孔廟等，皆是對功國偉人的信仰。
3. 祖先靈：拜天、拜地、拜祖先，都是對祖先的崇敬。所謂「拜根」，是指飲水思源，感恩果樹的養育之恩。
4. 器物靈：門戶、井、灶、行、中霤、城隍等器物也被賦予靈性。

接下來，請梁秉和講師分享他的看法。

尊重亡者靈魂

梁秉和講師：關於神靈的議題，我除擔任真理大學講師外，亦從事禮儀師與撿骨師的工作，並持有內政部核發的乙級禮儀師證照。

起初，我僅能遵循儀禮的程序，卻未能理解其內涵，因此前往學校攻讀研究所，探究儀禮的意旨。我發現，許多人在喪禮中會特別重視對神靈與人性的體悟。有人詢問，人死後會前往何處？我焚燒的物品是否會被祂們收取？擁有信仰的人，自然會相信祂們能夠收到。

近日，我接到一通電話，對方表示其母親並無宗教信仰。在這種情況下，我會遵循傳統禮儀進行處理。在舉行七的儀式過程中，家屬通常認為這是為亡者超度，而事實上，這也是為我們自身消災祈福。因此，我會建議客戶跟著念誦經文，以獲得效果。

張家麟教授：梁秉和老師是真理大學專業禮儀課程的唯一教授，在真理大學任教期間，培育出許多優秀的禮儀師。我所培訓的禮儀師，其服務費為每場告別式新台幣 8000 元起跳。我教導他們應具備念誦祭文的功力，並特別注重哭調的訓練，以能充分表達對亡者的哀悼之意。

今天能夠請到梁秉和老師蒞臨分享，深感榮幸。梁老師不僅在業界享有盛譽，其身價亦高。然而，他仍不計代價，與我們分享其專業知識與經驗，令人感佩。

現在進入第 2-4 題，我想先邀請呂教授對「人死後的靈魂的議題」先來發表高見。

行善坦然面對死亡

呂宗麟教授：人會面對一個很嚴肅的問題，人沒有死亡就沒有宗教。

西方宗教學家田立克在其著作《信仰的動力》中，提出宗教的概念為「終極關懷」。本人對於教尊所倡導的「圓融國度」理念深表認同。至於百年後身處何

玄門真宗圓融聖殿

方，本人尚無明確答案。面對死亡，人們往往會思考自身的人生價值和意義，並由此形成重要的人生觀。我認為，此生應致力於「了業」，積累善業，迴避惡業，故而應盡力做好每一件事。

本人虔誠禮佛，常以鮮花供奉，祈求往生後投胎善處，容貌姣好。對來世充滿期盼，希冀能轉世為劉德華，父親為郭台銘，太太是林志玲，並擁有美滿人生與姻緣。

面對死亡，善終是人生的歸宿，也是五福的最後一項。應避免久病臥床，徒增親人負擔，正如古語所云「久病無孝子」。善終之於人生，至關重要。

中華民族崇尚孝道，除祭拜神明外，亦敬奉祖先神靈，祈求庇佑。慎終追遠，是拜祖先的深層含義，猶如「吃果實拜樹頭」。玄門真宗重視家庭倫理教育，弘揚民族核心價值觀，令人敬佩。

全球視野與承擔

張家麟教授：我們謝謝呂教授，田立克先生是西方當代傑出的基督教神學家，其提出的「終極關懷」概念，旨在強調宗教對超越性事物的關切。人應當對死亡和超越等終極議題有所思考和關懷。

田立克曾指出，宗教家在當今世界肩負著三大使命：一是撫慰戰爭創傷；二是消除貧困苦難；三是推動教育普及。玄門真宗自創立以來，秉承恩主公慈悲濟世的理念，每年投入巨資，致力於關懷偏鄉兒童，而非興建宏偉神殿，充分彰顯了宗教家的使命擔當。

呂教授提到喜愛供奉鮮花，由此聯想到傳統祭祀儀式中，神像通常安置於高位，下方擺設「五供桌」，供奉香爐、花瓶、燭台等五樣供品。相比於堆砌眾多神像，此種以五供品為主的方式，更顯莊嚴神聖。

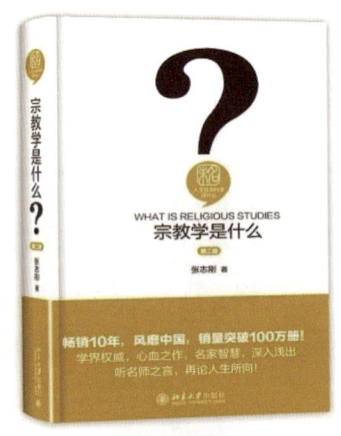

神學家田立克（翻攝網路）

他又提及，五福臨門中的「考終命」，源自《書經》，是五福之末，意指善終。祖先早已教誨我們應坦然面對死亡。華人祭祀除了供花，亦常供奉牲禮，體現對祖先的敬重。孔子素來重視祭祖禮儀，當子貢欲廢除告朔之餼羊時，孔子堅守禮制，予以糾正。

稍早，教尊提到大圜佛學會的主法多傑洛仁波切，已蒞臨現場，我們有請他講解今天的科儀。

密教的煙供

多傑洛仁波切：今日所舉行的儀式為「煙供」，其淵源可追溯至佛陀時代。佛陀涅槃後一千六百年，西藏國王赤松德讚興建桑耶寺，然屢遭鬼怪眾生破壞，無法順利竣工。後邀請蓮花生大師主持法會，其所修之法與蒙山法會或焰口法會頗為相似。

煙供與蒙山法會、焰口法會之差異在於：煙供先禮請諸佛菩薩，再上供諸佛菩薩，祈請加持後再回向六道眾生；而蒙山法會、焰口法會則直接回向六道眾生。此慈悲心轉換之法，正是西藏蓮花生大師的修法，最終亦使桑耶寺得以完工。

赤松德讚之夫人信奉苯教，赤松德讚則信仰佛法，因此引發衝突。赤松德讚遭受苯教巫術傷害，但蓮花生大師並未以強迫、迫害或追殺等方式反擊，而是以慈悲心境化解紛爭。

今日因緣殊勝，得有此機會舉行煙供，並向各位說明關聖帝君與佛教之淵源。無論是元朝君王或藏傳佛教法師，皆對關聖帝君推崇備至。因此，我們應珍惜此殊勝因緣，藉由煙供與各位結下法緣，感恩。

張家麟教授：謝謝多傑洛本仁波切。

玄門真宗與仁波切淵源深厚，大家進來時可見「密壇」，是由玄門真宗明達師兄擔任密壇主事。我後來才明白，密壇是玄門真宗及四川藏傳佛教最大修行場地色榮喇嘛佛學院間的深厚的因緣而設立。中共曾下令拆除色榮喇嘛學院，成千上萬的修行者被迫離家，其中一位仁波切遠赴此地，才有了此座密壇。

剛才，仁波切開示了一番，讓我聯想到「仁波切」一詞所蘊含的三層宗教意涵：首先，對宗教應抱持堅定的認同與高度的信仰；其次，應具備深厚的學識；最後，應諄諄教誨門生，自修度人。

仁波切所講述的「煙供」，與漢民族在春秋戰國時代的三種祭祀方式有所關聯。第一種為天子祭天，於柴堆上擺放牲、玉、帛三種供品，焚燒供奉給天，稱為「禋祀」；第二種為諸侯祭天，於柴堆上擺放牲禮，焚燒供奉給天，稱為「柴祀」；第三種為世大夫階級祭天，僅能焚燒柴薪，稱為「槱祀」。至孔子時代，認為焚燒供品頗為可惜，遂改為分食福肉。

門生當關帝的九龍九鳳

龔昶元教授：過去，神的功蹟讓我們去祭拜他，其實我們是在跟神對話。因此，我們應學習神背後的「道」。例如，我信奉關公，祂在三國時代的歷史事蹟，

「九龍九鳳」分會象徵玄門真宗實踐關帝五常德的精神

以及祂降臨後傳達的意旨，皆值得我們學習、遵從祂的道與典範。

玄門真宗有明確的目標：

1. 成就篤定的自我

2. 門生皆是關帝的九龍九鳳，在當代協助眾人三世因果一世清，達到金玉滿堂的境界。

遵守現代的五常德之道，透過傳播與共修，實現圓融國度。

近年來，玄門真宗針對國小學童推行五常德紮根教育。鑑於政府未能落實五常德教育，玄門真宗責無旁貸，擔負起教育重任。此外，玄門真宗亦致力於現代詮釋五常德，期能幫助個人提升健康、改善人際關係、協助企業獲利、促進家庭和諧，並推動個人不斷精進。總而言之，玄門真宗旨在透過向神學習與自我修持，達成上述目標。

修三命圓融 • 五常德

張家麟教授：我們在座的來自不同教派，各位師兄姐都有自己的主神，我們在玄門真宗就要跟關聖帝君學習，教尊把關聖帝君的五常德用三個命來加以重新詮釋成現代性的五常德。

第一層為「本命」。各位，若自身修持不足，如何談論其他層面？絕無可能。

主席總結：到玄門真宗修「三命圓融」•「五常德」

第二層為「祖命」。自身修持完善後，人際關係和諧、財運亨通，是否應當認祖歸宗、孝順父母？這皆是祖先命運所指。

第三層為「天命」。我們來到人世間，最終應當返回未來國度，各位以為如何？玄門術語稱之為「覆命皈旨」。

另外，修行可以從佛洛伊德講的三個我-「本我 (id)」、「自我 (Ego)」與「超我 (Superego)」，得到啟發。

人從動物來，具「本我」的動物性。待會中午肚子餓了，得吃飯，這就是動物性。而吃飯有禮儀，這就從本我，提升到自我，具有人性。如果吃飯持戒、有感恩、迴向，就自我再提升超我。此時，已經進入道德我、神聖我之境，就是與神同行。

玄興教尊：今天我們齊聚一堂，共同探討宗教相關議題，期望藉此增進專業知識，並激發多元觀點。

每一次會議，我們將針對特定主題進行深入探討，並聆聽各方意見。由於時間有限，部分議題可能無法完整闡述，因此，請各位針對相關議題發表論述撰寫，

第四場關門會議會眾專注聆聽並參與討論

並提供寶貴意見。

此外，我將委請教授整理會議內容，並彙編為《大道向前行》一書，供所有參與者參考學習。最後，我再次強調，傳承知識與經驗至關重要。因此，我鼓勵各位將自身在宗教領域的所學所感，以及研究成果進行系統性整理，以利後續推廣與傳承。

如何判定神靈與外靈

王亭之：我是中華曇光傳善總會的王亭之，行道十餘年。多年來，本人深感宗教信仰中存在一項亟待解決之課題，即如何區分神靈與外靈。當今社會，降駕現象時有所聞，然則，降駕者未必皆為真神，亦有可能受到靈界影響，甚至導致自身偏差，進而造成社會動盪。此外，不乏修道者，無論資深前輩或初學後輩，往往沉迷於乩身跳躍，卻未能因此開悟。有鑑於此，本人懇切呼籲，應正視神靈與外靈之辨，並探討如何有效解決抓交替等現象。我亦期盼，藉此拋磚引玉，促使宗教界共同努力，引導信眾正確修行，邁向正道。

結語

張家麟教授：對這個問題我簡單回答：所有修道的朋友有兩個法門而已，第一，叫自修、自悟，第二，他修，師父教了，再悟。我覺得自修法門太難了，最好是有一些個名師，指導你修行。

我經常跟玄門山的好朋友講，你們很好命，因為你有一個老師。你們一定要找一個好老師教你怎麼修，好嗎？聽好，自修不如共修、不如雙修。同修、共修，又不如一個有好老師。有師承，才方便修，不易走火入魔，讓邪靈入侵。

我們最後掌聲感謝，由玄興教尊帶領的玄門山的所有師兄、師姐。

Part5

培訓法體 · 三命修行

關金眶昏

Part 5-1 培訓與修行、證成：名家點評
5-1-1 再次反思宮廟寺院須具足的條件
培訓神的代言人

台灣宗教與社會協會

玄門真宗培訓神的代言人，最終皈證圓融國度

在宗教團體或非營利組織中，「人力資源」是非常重要的一項元素，會決定它的生存、發展。在宗教團體中，「人力資源」包含「宗教領袖」、「神職人員」、「專職行政人員」、「志工」、「信徒」等五類人。每一類都很重要；除了宗教領袖外，則以培養優質的神職人員，最為關鍵。

因為，他（她）得為神作事，扮演代天宣化，弘揚大道的角色，是宗教組織的中間骨幹。至於如何培養這類人才？在我看來，是一門大學問。因此，各宮廟寺院領袖，須有一認知：「神職人員」必須俱足專業條件，始能稱職，代天宣化。

我以為有下面幾個重點，值得關注：

1. 長期而言，學習「制度性宗教」的作法，設立 4-5 年的「道學院」課程，培養人才。

2. 中期而言，學習「玄門真宗」，在自家道場開設「系列修行」課程，培訓各階層的門生、法師。

3. 短期而言，學習「宜蘭道教總廟三清宮」，設立「為期五天」的初階、進階、高階道教人才養成班。

當然，傳統的「師徒制」，或「自悟法」也可借鏡。「師徒制」為「他修」：意指由師父教導門生，門生得長期跟在師父身邊，耳濡目染其「道」、「法」二門，仔細研參、請益其內涵及方法。最重要的是，須再加上自己的體會，或許能夠通徹本教門之法理。

另外，尚有「自悟法」為「自修」：意指自己觀察教門的宗教現象、經典、傳統、儀式、教主、神譜、場域、神聖物、神職人員、信徒、志工、經驗等，自己深刻體會，或許可以瞭悟本教門的道、法。

以這兩種方法培

宜蘭道教總廟三清宮每年為各宮廟培訓道教人才

天帝教設立「天人研修學院」，為教內培養人才

惠能法師為「天才型」的神職人員，迦葉尊者則為「苦修型」的羅漢

養神職人員，前者為「普羅大眾型」，人人投入修行，日久必有成就。有點類似「堯何人也，舜何人也，有為者亦若是」的儒者修行；也有點像「人人自危立地成佛」的佛子修行。

後者則像是「天才型」，只有少數如佛陀在菩提樹下悟佛；或是像禪宗六祖惠能大師一樣，雖然是一個白丁，卻有「耳通」，聽了神秀的偈之後，即可開悟書寫「菩提本無樹，明鏡亦非台，本來無一物，何處惹塵埃」的絕妙禪詩。

最後，我以世界級、排名第一的基督教，或第二伊斯蘭宗教來看，它們皆有歷史悠久的「基督教神學院」及「伊斯蘭教經學院」，作為神職人員的培訓中心；這才是我們學習的對象。

須知我們華人民間信仰，在全球排名第五，在台灣排名第一，為何沒有像樣的培訓神職人員「學院」？我們能不反省、反思嗎？比一貫道都還不如！

三皈依與修行

淡江大學教授　張家麟

> 至心皈依道　立願眾生
> 體解大道　覆命皈旨

玄門真宗從佛道兩教的三皈依轉化成自己的「三皈依」

　　如果要反思「宮廟寺院」須具足那些基本條件？我以為「三皈依」（tisarana）是值得體悟及實踐，而有修行的意涵。

　　就「宮廟寺院」中的人員修行來看，修道者得皈依「道、經、師」，一如修佛者須皈依「佛、法、僧」，從中自我感動，而對自己的「宗教認同」；也在此學、修「宗教法門」；更因此獲得「身心靈庇護」。最早的三皈依是從佛教的《大莊嚴經論》記載，認為只有皈依佛、法、僧三寶。其他的基督教、伊斯蘭教也有類似的皈依，只是無「三皈依」之說。東方的道教也受到佛教影響，將佛、法、僧三寶，轉化成為道、經、師。

　　中華玉線玄門真宗教會，也認知到「三皈依與修行」的重要關聯性，改寫「三皈依咒」，使其具有該宗派的「覆命皈旨」、「皈證圓融」、「聖凡雙修」等三項宗旨。常在扶鸞儀式或重要法會終止前，鸞生同誦吟此咒：

> 至心皈依道：立願眾生，體解大道，覆命皈旨。
> 至心皈依經：立願眾生，深明經藏，皈證圓融。
> 至心皈依師：立願眾生，統理大眾，聖凡雙修。

在此，三皈依與修行有何關聯？我以為至少有四項意義，值得思考及反省：

1. 宗教認同

信徒有信仰，還得接受不斷的教化，才能鞏固、深化原來的信仰。而在開展此漫漫信仰長路前，如果有一「皈依」儀式，作為其入教、入信的標誌，將可以強化自己的宗教認同。對於自己的信仰世界中，能夠理解自己歸屬那個宗教。

2. 宗教修與學

入信宗教是起點，在宗教情境中「學習」、「修行」自己宗教則是精進功課。學、修「教主、至高神的核心價值」、「經典、教義的主要理念」及「優質神職人員的講經弘法」等三項內容，簡稱學、修「佛法僧」或「道經師」。

3. 身心靈庇護

一般人活著，可以懵懵懂懂，無所事事；修行者則異於是，他（她）得依據「佛法僧」或「道經師」而行。以修佛為例：須守戒律，至少修守「殺、盜、淫、妄、

從三皈依得到了認同、庇護、修行與立願

道教也有皈依「道、經、師」三寶

酒」五戒。除持戒外，每天尚得忍辱、精進、禪定、般若、佈施等，作六度修行。從中，身心靈得到解放，而得以安寧、庇護。

4. 立願眾生

三皈依的核心有二：一為修己，二為度眾。當皈依後，不斷精進修學，從門生、到修士，再到獨當一面的法師，責任就更為重大。類似老師，扮演傳道、授業、解惑的角色，諄諄教誨，有教無類，誨人不倦。

您是宗教人士嗎？如是；您皈依了那一個宗教？有三皈依嗎？有日日向「佛法僧」或「道經師」學、修嗎？又得到了多少的「庇護」呢？又度化多少眾生呢？

無論有沒有，您可能要自我檢驗一下！

宮廟的軟硬體與制度化

台中教育大學教授 龔昶元

「宮廟寺院」在華人的農村社會裡扮演著非常重要的角色，常是當地社會信仰的重心，重要的集會場所，也是信徒藉由對於神明的信仰尋求祈福，解決人生困境，困惑問題的重要方向指引的明燈，同時也執行代天宣化，勸人向善的功能。因此當信徒遇到人生行事的難題，或對於未知的疑難問題，未來行事舉止不知如何選擇時，第一個想到的通常是找其信仰的「宮廟寺院」尋求解惑，庇佑；由此可見，傳統上「宮廟寺院」對於信徒的重要性。

隨著社會的進步，現代工商社會，價值日趨多元化，人們的生活形式有大幅度的改變，不同於過去農村社會的生活方式，社會大眾對於信仰有更多的選擇。現代環境潮流下，對於社會大眾而言，現代的「宮廟寺院」仍具有相當大的價值，只是因為社會多元價值的變遷。相較於過去，經營的方式、信仰價值的展現逐漸受到挑戰與考驗，在保留傳統的代天宣化、勸人為善、為信徒解決行事舉止、疑難困惑問題，提供心靈慰藉等基本價值基礎上，必須隨著社會大眾價值趨向與時俱進，導入現代化的組織經營管理原則來治理宮廟，建立專業與效率的形象，才能爭取更廣大的信眾認同，保持「基業長青」。

因此，現代社會「宮廟寺院」除了硬體建築的外觀莊嚴肅穆，內部環境清淨典雅，動線適合信徒景仰參拜，祈求神靈解惑之布置合於所屬宗教莊嚴儀式儀軌

流暢運作之設施外,須具足的內部軟體基本條件應包括:傳承的歷史由來,重要的信仰經典(如本宮廟扶鸞聖諭所出之經典、與本宮廟祀奉神祇相關可供本宮廟神職人員作為精進修行之重要經典等),所祀奉的神祇、信奉的教義(即本宮廟傳承之信仰價值理論基礎,或稱之為所信仰的基本義理、「道」等)、應有的專屬足以呈現本宮廟寺院莊嚴專業形象的標準化儀式儀軌、有法制可循的組織運作(如委員會、董事會等)及管理制度原則、神職人員、行政管理專業人員、對於信徒的社會服務重要工作事項等基本條件具足。因此,新生代傳承的行政管理專業人員應該具備基礎的服務業管理與行銷的知識,並運用於日常宗教事務的處理與信徒服務的拓展,這有助於「宮廟寺院」的效率提升及永續經營發展。

在此基礎上,更有重視組織運作行政管理的效率,在人力資源(神職人員、行政管理專業人員)的管理與培訓朝向專業化與制度化,在對於廣大信徒的社會服務工作,重視服務行銷的管理、信仰價值的溝通、神諭理念的傳達,服務的效率,為信徒大眾做更好更多的服務,有效為信徒解決問題,建立良好形象,贏得社會大眾的信賴。從近年來台灣較具規模或能迅速贏得眾多信徒前往參拜的宗教組織與宮廟發展歷程,皆能符合上述條件,也因此得以發展專業,提升形象,贏得社會大眾信賴。

忠烈祠與孔廟外觀神聖性有利於宣教

宮廟的永續經營條件

台灣大學博士 謝政修

玄門真宗運用 AI 科技設計關帝圖

當代寺廟宮院，如何能夠永續經營，或許可再從以下幾點再進行反思。

1. 結合科技，與時俱進

首先是科技的結合與應用。為了能夠廣泛的推廣，傳統文化結合科技是當代重要的議題。社交平台的建立與宣傳、網路直播、影音製作等，在當代已是不可或缺的基礎面。此外，結合 AI 人工智能也是一種趨勢。不少宮廟現在也紛紛嘗試透過 AI 生成圖片與文字，追求精緻與效率。此外，智慧型手機已成為現代人處理日常各項事物的重要載體，因此也有宮廟嘗試開發 APP，鎖定年輕族群推廣。近年來掀起熱潮的元宇宙，也是一大發展趨勢。透過虛擬宇宙的建立，以數位策展的方式呈現宮廟文化與地方記憶，不僅能吸引年輕世代，也能思考宮廟物質與非物質文化遺產保存的相關議題。因此，傳統宮廟若希望能積極推廣，並與時代結合，跨領域專家的合作與整合或許是未來發展的關鍵之一。

2. 多元行銷，建立價值

傳統宮廟許多重要的文化內涵，如何與當代社會價值連結，也是十分重要的課題。過往許多研究指出，對一般民眾而言，宗教信仰是一種文化展現，若沒有當代的價值觀點與文化涉入，宗教信仰容易流於一種形式。因此，宮廟文化如何積極在當代社會當中，找尋屬於自己的特色與定位，對於自身的發展也相當關鍵。

當代宮廟除了提供宗教服務之外，也應該思考多元的活動。對此，傅篤誠認為非營利組織的行銷策略，可分為內部行銷、關係行銷、事件行銷、善因行銷與體驗行銷等五種。其中的事件行銷、體驗行銷的重點，即是要能創造事件，取得社會關注。諸如各種活動的設計與推廣，並將自己組織的訴求與目標導入其中。因此，理解社會的脈動與關注相關事件，是將傳統宮廟文化推向現代社會的經營方向。多方推廣，才能讓民眾有機會體驗，身歷其境，增添扭轉一般人刻板印象的機會。透過活動設計，其實能夠幫助宮廟釐清自己定位。當然，活動若能結合宮廟自身歷史與地方故事，更有助於建立自我特色。

3. 確立核心，文化傳承

結合科技與多方行銷，是與時俱進，是傳統宮廟文化必須改變的一個方向，但這些改變，必須立基在自身某些「不變」的信仰核心。若不能把握住根本的信仰精神，在轉型的過程中，傳統文化精神也容易變質。因此，在道業上持續鑽研，熟知自身宮廟信仰的歷史流派、信仰依據的經典聖訓以及宗教儀式等，是其基礎，也是最為重要的。

傅篤誠著《非營利組織行銷管理》

5-1-2 選賢拔才之方的基本功課
可以閉關修行嗎？

台灣宗教與社會協會

靈鷲山心道師父曾在塚間閉關苦修（翻攝網路）

　　修佛、修道者可以閉關修行嗎？答案是肯定的；但是宜慎行之，符合條件者始可入閉關室修練。

　　在當代台灣，靈鷲山開山師父心道法師曾在 48 年前（1975），離開佛光山，到宜蘭圓明寺「閉關修煉」。隔年（1976），寺廟塌毀，只好到附近的靈山塔（納骨塔）行「塚間閉關修煉」。在中國大陸，禪宗第一代達摩祖師（Bodhidharma, 382-536）曾在魏晉南北朝時期，離今約 1500 餘年，到河南省嵩山山洞，面壁苦參、閉關九年。創下人類宗教史上，最長的閉關修行記錄！以兩位祖師的經驗，修道者當然可以用「閉關」來「修行」。當前，中華玉線玄門真宗教會在彰化花壇本

山至高處-「無極殿」旁,也設閉關室,供修士至此作短期閉關修行。

不過,我以為一人單獨閉關修行法門,雖然已有前例,但得注意下列五件事項,以免「走火入魔」,以表「慎重」。

1. 何時、什麼條件,可以閉關?

是不是每個人都可以在任何時間點上,表示願意閉關修煉?理論上不宜。當您的修行到某種程度,在師父的指導下進入閉關室,才是相對最佳的選擇。也就是禪門裡對於閉關修煉的通則:「不破參,不閉關;不開悟,不住山」。

2. 為何閉關?

修行者要知道閉關修行是件苦功課,因此,入閉關室前,須問自己一個問題,為何來此閉關?主要是再精進、再提升自己的內在能量。修佛法、在閉關時,應該作到「關閉六根(眼、耳、鼻、舌、身、意)賊」、「禁遏妄想心」、「正觀三毒(貪、瞋、癡)軍」、「清淨身口意」;或許可以作為扶鸞者的參考。

3. 閉關作什麼?

入閉關室,可以作什麼事?依據玄門的規定:擺下雜務、杜絕外緣,專事修行;每天起居作息,按表操作。晨起打掃環境、虔敬禮神;固定時間打坐打拳、閱讀、體悟經藏;與神同處,人神對話,揣摩神意、典範,以神為師。

4. 閉關的禁忌?

明末憨山德清大師(1546-1623),對閉關修煉者提出警告,切忌「心口不一」、「心身脫鉤」、「心猿意馬」。書寫《費閑歌》:

閉關容易守關難,不肯修行總是閒,身在關中

達摩在河南嵩山面壁閉關九年

心在外，千年不出也徒然。

念佛容易信心難，心口不一總是閒，口念彌陀心散亂，喉嚨喊破也徒然。

拜佛容易敬心難，意不虔誠總是閒，五體虛懸空費力，骷髏磕破也徒然。

點出「形式修行」之缺隙，在於「閒」。閉關之行，仍然著重「內在修道」，就不會虛來世上一匝。

明憨山大師提閉關的禁忌（翻攝網路）

5.慎重行儀？

「閉關修煉」對修行者，是何等重要的人生修行經驗，是非常殊勝的因緣。為了慎重其事，宜在入閉關室之前，行「閉關之儀」。可以由師兄姐同誦代表本教會的《淨三業神咒》、《關聖帝君大解冤經》。出關時亦然，可以行「出關之儀」。慎重行儀，以表彰修行者願閉關修煉之心志。言至此，可以知道閉關修行的法門、禁忌、行儀。

宋張無盡：閉關體悟勝過訪名師、聖山

如果您在閉關時，有所體悟一切修行，旨在方寸之間的開悟察覺。此時，雖在閉關，天下、宇宙之大，就可任你遨遊。宋・張無盡（1043-1121)，書寫：「趙州八十猶行腳，只為心頭未悄然，即至歸來無一事，始知空費草鞋錢。」說出閉關體悟，遠比四處旅行、遍訪聖山、尋找名師，來得重要。

由此看來，如果能由師父教導入閉關室而體會，或由自己入關修行開悟。心中自名山、大澤，「道」不假外求，即在您心中！

圓融大法：練氣修身養性

淡江大學教授 張家麟

玄興教尊指導門生修學圓融大法

中華玉線玄門真宗教會的門生、修士、法師，跟隨教尊作「圓融大法修練」，已有數年。也將推廣此法給社會大眾，將之製作影片，置於 YouTube 平台，供大家自由取得、學習。

仔細觀看此影片，是從傳統的「八段錦」轉化而來。

「八段錦」是祖先留下來、簡單的氣功養生功法，可見之於湖南「馬王堆」。由於它只有八個動作，每個動作皆非常緩慢，各年齡層朋友皆可修鍊，尤其適合中、老年人練功。

配合吐納呼吸，先納後吐，以「鬆、柔、大、慢」為原則，逐一打每一個動作。「鬆」指全身上下都放鬆，「柔」指動作柔軟優雅不僵硬，「大」指俯仰、伸展皆須放大每一個動作，「慢」意指慢慢作完整個動作。

在八段錦中，有各種流派，我個人鍾情於「少林八段錦」。其理由是動作比較柔軟優美，有些變化，有吐有納，畫面協調。八個動作，分別是：

兩手托天理三焦、左右開弓似射鵰、調理脾胃單臂舉、五勞七傷往後瞧；

搖頭擺尾去心火、兩手攀足固腎腰、攢拳怒目增氣力、背後七顛百病消。

玄門真宗接納此 8 個動作，外加 2 個動作，成為 10 動的「圓融大法」。每個動作，重新以玄門山的神學意理詮釋而成。而且，在每個動作間，再加自創的「吐納三循環」，先吸天地正氣，再吐出。以「仰望」、「雙手劃圓幅」完成。說明

1. 祈請天地：圓融灌頂氣調息
2. 抱元守一：轉動無極啟陰陽
3. 通經活絡：運行周天理三焦（兩手托天理三焦）
4. 左右開弓：行氣導引疏肝肺（左右開弓似射鵰）
5. 頂天立地：補中益氣理脾胃（調理脾胃單臂舉）
6. 轉肘後瞧：五勞七傷去鬱結（五勞七傷往後瞧）
7. 轉動崑崙：心神安定去心火（搖頭擺尾去心火）
8. 氣納法身：提腎回春固腎腰（兩手攀足固腎腰）
9. 攢奉怒目：強筋健骨增氣力（攢拳怒目增氣力）
10. 三才皈一：氣盪法身百病消（背後七顛百病消）

如下：

專注打一套「圓融大法」，除了具有伸展肢體、拉筋、調整筋骨、鍛鍊身體之效外；它也形同是在打「動禪」。與「靜禪」雷同，皆須一心一意，心無旁鶩，作完整個動作。此時，它尚有一功能。動禪打拳、靜禪打坐，皆容易入定。入定之後，安靜之心如止水，因此容易生出一般若智慧。

玄門真宗門生團練圓融大法

反思神職人員培養之制度

台灣大學博士 謝政修

正一道教有復禮傳度、奏職授籙之儀

　　神職人員培訓的制度化與系統化，有助於提升傳統宮廟、鸞堂的神職人員的專業能力與形象。因此，詳細規劃人員培訓與晉升制度也是必須思考的方向。

　　傳統的制度性宗教，大多都有明確的入門與晉升制度，歸納其中重要的內涵，大概有發願、持守戒律、熟悉經典與實踐宗教任務等幾個層面的內涵。

　　以道教為例，道教入門成為「傳度」。「傳」是傳承的意思，「度」是度化之意，凡是有道教信仰的人，首先要有師承，由師傅引進道門，並以「道、經、師」為皈依的內涵。在條件上，除了明確的師承法派外，修者自身必須瞭解一定的道教教義、經典知識，以及具備行持齋醮科儀與規範的能力。

　　道教晉升的制度稱為「奏職授籙」。「籙」包含了「符」與「籙」。「符」

本身的意思為「符契」,就是契約、合同,是能調動神吏神將的神秘符號;「籙」,即是名錄,所以受籙是指授予記載神吏神將名稱及其功能的秘密文書。因此,道士受符籙,才能真正調動神吏神將,為人祈福禳災,具備操辦法儀的能力。授予不同的符籙,也就象徵著不同的位階與等級,與其能夠差遣、支配的鬼神眾寡有關。現今正一派授籙的規定是根據《天壇玉格》而來,書中將授籙的等級分為七品每次晉升,必須間隔一定的時間,並且學習對應的經典。此外,受籙道士還必須持守「三皈九戒」,並且發下十二願。

因此,當代宮廟與鸞堂或許可以思考、建立一套從入門到晉升的制度,讓神職人員得以依循。包含初階入門時的條件,各個階段提升的判準,例如需要熟悉的經典聖訓、遵守的戒律、以及應當具備的專業知識等。分級制度的建立,也能間接討論考核的方式或是評估成效的方法。例如早晚課執行的內容、鸞文的品質與數量、參與宮廟事物的次數、開設課程與學習時長等皆是能夠思考的方向。

除了自我修行外,鸞堂、宮廟也應當思考培育弘揚教門的各項人才,像宣講師、教授師等,可將扶鸞每一個環節皆視為一項專業。例如除了接筆外,也應當重視能夠弘法、宣化人才的培育。扶鸞對於鸞手是一種自我的修行,而要能夠將鸞文之價值與意義與當代社會連結,引發共鳴,則需仰賴專業的教授師的養成,這也是人才培育不可或缺的一個重要的面向。

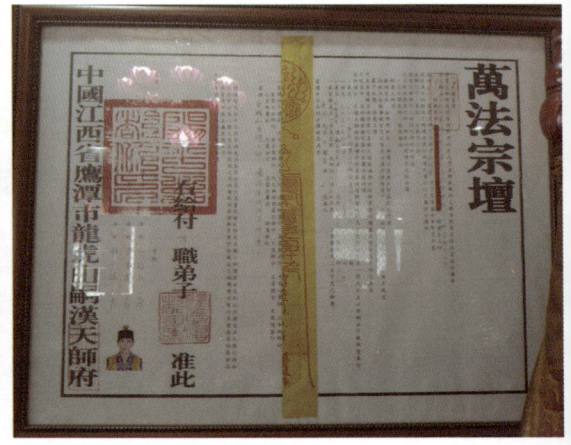

台灣省道教會辦理復禮傳度　　　　　　　　　　大陸龍虎山天師府的道士證書

5-1-3 成就三命圓融皈證修法？
談玄門真宗教會的「三命」之理

淡江大學教授　張家麟

玄門真宗將五常德作現代性的詮釋，用來宣教

常聞「天命」、「本命」、「祖命」這三個詞彙，其真實內容為何？少有人一探究竟！

對此，中華玉線玄門真宗教會教尊有獨到的見解。

他接受關帝的聖諭，建構並將它賦予自己教門的神學意涵。除了從「天命」、「本命」、「祖命」作傳統的字義解外，也將此「三命」與關聖帝君的「五常德」緊密結合。每一個「命」，扣緊「仁義禮智信」；發展出具現代性價值，並重新詮釋兩者之間的關係。

先言「天命」：它的原意是指每個人「與生俱來的天賦能力」及「今生的生命特質」，或是「前世一切因緣果報」。

現在玄門弟子修行時，將「五常德」會契於「天命」中。經由個人今生瞭悟、洞徹本教門五個面向的修行：

「仁」，為一世人的「生老病死苦」；

「義」，是與生俱來的「恩怨情仇」；

「禮」，則是不可改變的「名份歸宿」；

「智」，是指這輩子擁有的「功名利祿」；

「信」，則是指人生最終的總結「覆命皈旨」。

此天命的修行，有點「修佛」之意。得有般若心，了斷、看破自己的人生。而且得終結前世之因，今生來了。也深知自己與生俱來之名，在那裡得到歸屬。更不可能逃脫老天爺給予多少的「祿、子、壽」。最後，當你的人生終極之時，反思自己，是否圓滿？是否了業？是否完成上天給你的使命？

次言「本命」：是指每個人「今生不可脫離的職責」，身為人在「今世務必完成的使命」。

如果您入本山脩門加入修行團隊，務必體認自己今生在人世間的承擔及使命。必須要頤養：

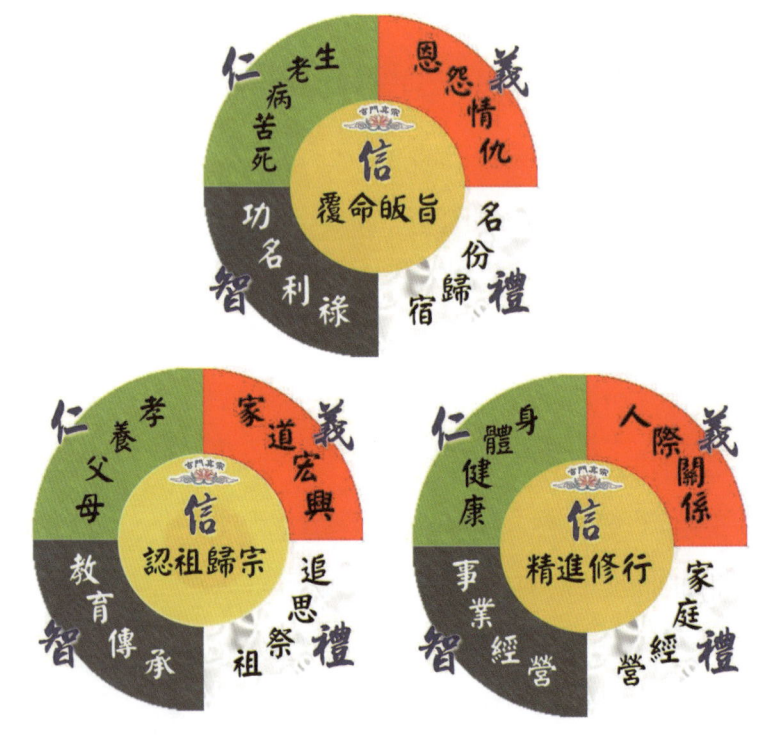

玄門真宗將仁義禮智信轉化為本命、天命與祖命，滿足現代信徒的需求

「仁」，先「鍛鍊自己的身體健康、心靈法喜」；

「義」，其次建立「通達的人際關係」；

「禮」，第三經營「和諧的圓滿家庭」；

「智」，第四創辦「利益眾生的事業」；

「信」，第五不間斷「精進自己的人生理想」。

認清自己的本命，始可知今生今世的職責。先「立己」，後「立人」。身為修行者，先「修己」，始可「度人」、「利益眾生」。且依儒教倫理觀，務實的「親親而仁民；仁民而愛物」。先照顧身邊的人，再照顧一般人，進而尊重各種生命。

三說「祖命」：是指每個人必須理解生命是從「祖先、父母而來」，「世世代代香火傳承」。「報父母恩、祖先恩」，既是為人子的根本，也是今世得完成的「祖命」。

因此，入玄門真宗者，得認真修煉：

「仁」，先「孝養父母」，為人子之基本倫理。

「義」，次要「宏興家道」，為人子義不容辭之責任。

「禮」，第三得「追思祭祖」，行各種祭祖之儀。

「智」，用心作「教育傳承」，為人父母者須重視家庭教育。

「信」，須「認祖歸宗」，子孫以祖先為榮，最後回到自己的姓氏家族行列。

此「祖命」一詞，為玄門山所獨創，少見之於其他教派。它把「孝」，融入於其中，也把「孝」轉化成五常德的五個分支。以「孝養父母」、「振興家道」、「祭祀祖先」、「家庭教育」為基底，最終以自己姓氏、家族、祖先為榮！

玄門真宗的修行者，本來就認同「五常德」。現在，將之坎在「天命」、「本命」、「祖命」中，各自發展出5項修行者須守護且實踐的「戒律」、「道德律」、「人生律」。

我以為：它既守住「宗教傳統」，又要有「宗教創新」之意。它是繼「文化創新」之後，發展出獨特的「宗教創新」律令。您是否有同感呢？您以為如何？

三命圓融的意義

淡江大學教授 張家麟

三命圓融為玄門真宗修行法門

　　玄門真宗教會的「天命」、「本命」、「祖命」，成為其門生、修士、法師修行的功課。其意義為何？值得思索！在我看來，有下列三項特點，值得關注：

1. 玄門真宗修行法門

　　普天之下，此「三命圓融」為玄門真宗獨特的修行法門。平時，教門內的門下生、修士、法師，皆得修此「三命」之法，作為人生淬煉、奮鬥的目標。藉此修行，修正自己不當的行逕；臻於理想之境。

　　理解此三命之意涵，就可「本命」、「祖命」、「天命」兼修。依此，參悟、踐履它們，就能成就自己的理念，進而利益家族、社會、眾生。抵達「圓滿」境界；猶如在今生就進入「圓融國度」。

　　我以為：能夠把「五常德」作現代性的解釋，本屬不易。現在又將它扣到「天命」、「祖命」、「本命」，當然又是一宗教神學創舉。而此，則是玄興教尊奉玄靈高玉皇大天尊之聖諭而作。

　　放眼望去全世界各教派的修行團體，或各種關聖帝君的信仰組織，唯有中華玉線玄門真宗教會如是觀！而且，其沐恩鸞下正在依此修煉中！

2. 五常德現代化

傳統「仁義禮智信」五常德，大家都懂；現在，玄門真宗把它轉化成為現代人的「理想、理念或道德」，就有些特別了。

以本命為例：仁本是「愛人」；現在則是指修行者必須關心自己的「身體健康及心靈法喜」。義本來是在人世間「為所當為」；現在變成建立「通達的人際關係」。禮本來是「恪守該有的分際」；現在指建構「圓滿家庭」。智本來是「懂得判斷是非、抉擇人生之路」；現在指建立「利他、利益蒼生的事業」。信本來是「嚴守信用、重然諾」；現在指每日「精進自己人生理想」。

前面為傳統五常道德的內涵，後面則是玄門真宗的新解。這種創新道德，也出現在「天命」、「祖命」之中。

3. 三命圓融境界

入「玄門真宗教會」，即是進入「修行之門」。其弟子皈依在玄靈高玉皇大天尊座下，向玄興教尊修、學「三命」-「天命」、「祖命」、「本命」，每一個「命」各有其五常德。總共修 15 種道德、戒律、人生處世哲學。

或許修行者會問：我們要修到那裡去？我依其宗教理想暫且回應如下：

三命兼修，雖然是「苦修」，但是在「歡喜作、甘願受」的理念下，堅持不

玄門真宗門生研修「三命圓融」課程

懈，總會到達「圓滿之境」。此「境界」，在修行者的每個人心裡、在人際關係、在家庭、在自己的事業、在同修、在師父徒弟間、在道場、在社會人群中；甚至在最終的生命歸到「覆命皈旨」中。

　　因此，修三命之目標，即在修「圓融」之境。它可以將「三世因果一世清」；「圓融國度」之理想境界，不但在今生顯現，也將在來生抵達。

　　由此可見，傳統「五常德」與「天命」、「祖命」、「本命」的結合，所構成的「三命圓融」法門，早就不是它原來的定義。它是當代台灣的「宗教傳奇」，亦是中華玉線玄門真宗教會獨特的「修行標誌」。

　　其教門內，現在至少上百名修行者，依此修行。數千名信徒也在此情境之中薰陶；與「三命圓融」交會、融通、傳衍！

五常德融入小學課程

五常導師修本命圓融

台灣宗教與社會協會

五常德滿足現代信徒的需求

如何修「本命」，始得臻於「圓融」之境？

玄門真宗教會的修行者，亦步亦趨，奉玄 高玉皇大天尊之聖諭，跟隨其師傅-玄興教尊的步伐，與神同行。從「課程認知學習」當作修行，落實對「本命」的認知。修行者將此視為日常修行的功課。

在此，只言如何修學「本命」的「課程」：它旨在鼓勵修士，每個人皆可修行成為「五常導師」。包含自我成長而成「自己的導師」；也服務、幫助親戚朋友，而成意見領袖，作「他人的導師」。大部分由玄興教尊講授，也委講專家學者授課。

聚焦修學「本命」的五種課程：仁，「追求法喜的健康身體」；義，「創造

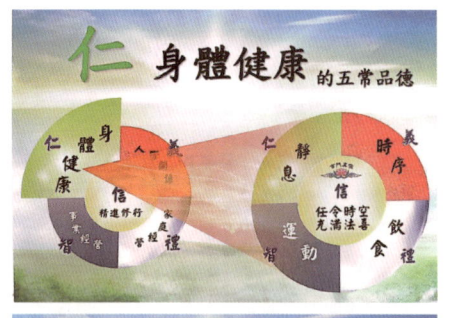

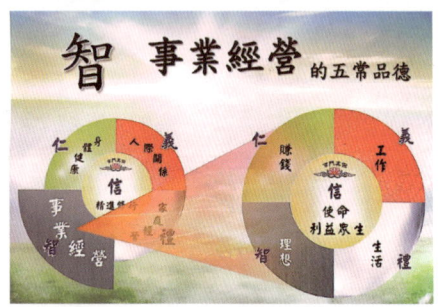

通達的人際關係」；禮，「經營和諧的圓滿家庭」；智，「建立利益眾生的事業」；信，「實現精勤的人生理想」課程。

其中，修學與「仁」相關的「健康身體」課程，又再細分五項：仁指「每日按時靜息」；義為「依照時序而生活」；禮為「飲食進退有節」；智指「天天運動恰當」；信為「任命時空，充滿法喜」。

其次，與「義」有關的「人際關係」課程，也一樣細分成五類：仁指與「內部親人的親情互動」；義指與「朋的利益交換」；禮指與「外部姻戚的交往」；智指與「志同道合同修的砥礪」；信為「總結人生以服務為目的」。

第三，與「禮」有關的「圓滿家庭」課程，也細分成5類：仁指與「父母親的相處之道」；義則是與「兄弟姊妹的情誼」；禮則為「夫妻之間彬彬有禮」；智則是與「子女的親情教養」；信則可以達到「家庭和諧，知性可同居住」之境。

第四，與「智」有關的「利益眾生事業」課程，再細分成五類：仁指「如何在社會賺錢」；義指「如何投入自己的工作」；禮指「如何在家庭、社會、公司生活」；智指「如何堅持自己的初衷理想」；信指「如何堅

本命的五常德細膩化開展

持利益眾生的使命」。

最後，與「信」有關的「精勤人生理想」課程，再細分成五類：仁指「虔敬列聖仙佛」；義指「持之以恆的鍛練」；禮指「祈禱神明，滿足自己願望」；智指「內心深處有堅定信仰」；信指「圓融法界大愛」。

由「本命」與「仁義禮智信」五常德結合，發展出五個面向。其中，每一個面向，與五常德再次連結，再各自發展出五種細項的課程；總計有廿五種課程之多。客觀而言，課程量多，修學不易。唯有持之以恆，或許能有功。

玄興教尊勉勵自己的門生，修、學「五常導師課程」，是一條艱辛的苦修之路。但是，它可以開啟每一個獨特自己的生命能量、蘊藏於心的密碼，更可以成就自己一生圓滿的生活方式。

除此之外，尚可以利益家庭、親戚朋友、公司、社會、眾生。最終，通達「本命」至圓融之境。

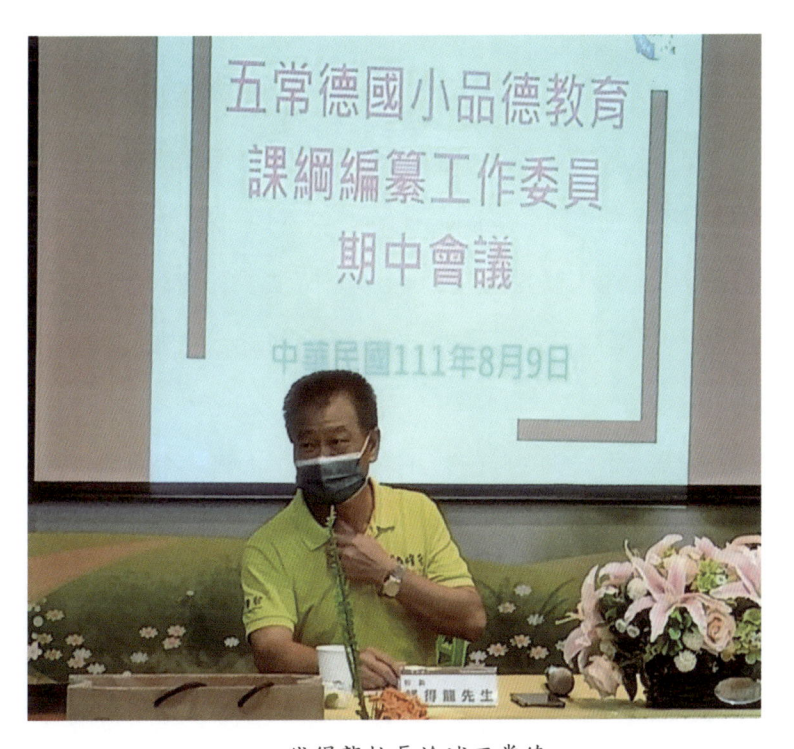

錢得龍校長論述五常德

詮釋玄門真宗的三命圓融法要

台中教育大學教授 龔昶元

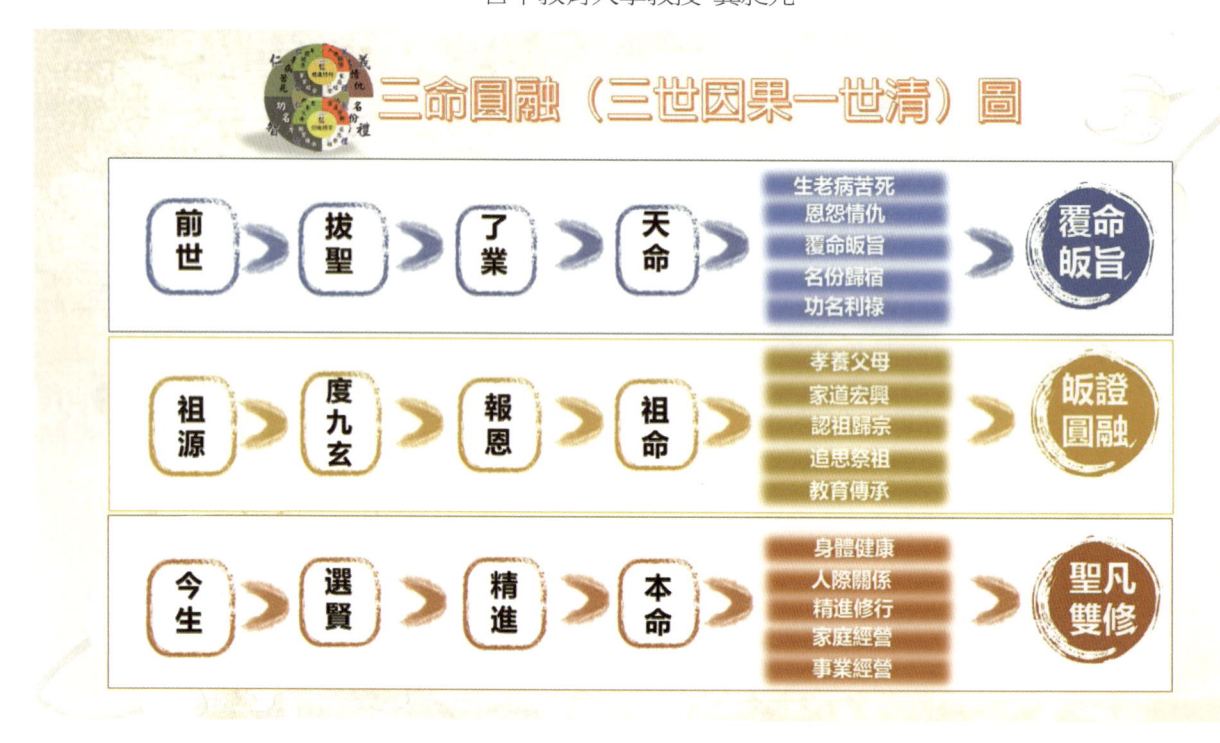

三命圓融（三世因果一世清）圖

前世 → 拔聖 → 了業 → 天命	生老病苦死／恩怨情仇／覆命覆旨／名份歸宿／功名利祿	→ 覆命覆旨
祖源 → 度九玄 → 報恩 → 祖命	孝養父母／家道宏興／認祖歸宗／追思祭祖／教育傳承	→ 覆證圓融
今生 → 選賢 → 精進 → 本命	身體健康／人際關係／精進修行／家庭經營／事業經營	→ 聖凡雙修

修行天命、本命、祖命，三命圓融

　　論及成就三命圓融覆證修法，依據玄門真宗的修行功課論述，以聖凡雙修為主軸，引領修持者修持的法要即是由內在的修身養性、業力息止了斷、報父母恩、進入法界的靈元修持、通天徹地的神人合一修持法要等有修持階段性循序漸進，導引有志者修持登入「圓融國度」。而其殊勝核心修行法門即在於「天命」、「本命」、「祖命」三大基礎。

　　基本上，會影響人生成敗的有三大因素，一是血源影響。每一個人的生成，身上留著父母親的血緣因素，以現代科學而言，就是DNA，父母的血緣影響往上溯源就是祖先，其各種問題必然影響到一個人的成敗。所以，為祖先化解問題，慎終追遠、飲水思源，是提升自我，趨向成功的主要因素，這是「祖命」。

　　其次，有一個隱藏在人本身成敗，很重要的因素，就是人的累世因業，每一

個人與生俱來都有不一樣的習性、心態,即使是同一父母所生的雙胞胎,家庭環境、教育條件等各種因素、表現一樣,但其個性、心態、也不會一樣,所以人的身上有很多與生俱來的因素,此可稱為「累世因業」,是影響人生的重大因素。而此一因素,是可以透過正確法門的修持來改善命運,避開業障,成就自我,提升成功能量的;這稱為「天命」。

影響人生成敗的最後一個因素是今生的一切行為。想要怎麼收穫,就要怎麼栽,「一分努力、一分收穫」。所以,人的今生所作所為,努力事業、為人處事、廣結善緣、諸惡莫作、眾善奉行等,能否做正確的事,是決定自我成功或失敗的重大因素;這是「本命」。

玄門真宗的教義理論,針對法界來去之間、生命之間因果生息本源關係皆有完整圓融的依止及非常殊勝的「三命圓融皈證修法」旨趣要訣。

修行功課由淺入深,如同登階,循序漸進的法門帶引修行;其特色為內修外修功課俱足,靜功於內在自我靈修養胎成就內丹,外功則以「修之必行之」的力行實踐精神為主導,靜動功並行,內外相互交織而行動靜合一、陰陽圓融,所有修法皆有仙佛慈悲指示,課程修作依據當下因緣安排,有志之修士皆有正法依憑,努力修持「聖凡雙修」功課,必能使身、心、靈提升精進,成就「了業」、「報恩」,「三世因果一世清」,立地成就覺性,登階「圓融國度」。

上述玄門真宗的修持法門精義較為完整的論述,近年來在不斷努力與精進的過程中,已經建立了甚為完整的修法功課內容,有系統的發表於本門舉辦的關帝信仰與現代社會學術的各項研討會上,且彙集與會先進的意見,不斷精進改善,是經過嚴謹驗證的理論論述與實踐法門,有志修行者可引為修持之縱要依循政法,見證同臻「圓融國度」。

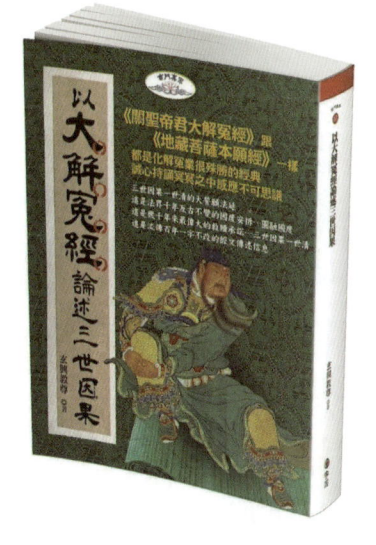

修行可以了三世因果

Part 5-2 培訓與修行、證成：廟學高峰論壇

玄門山癸卯年關門會議牌樓

司儀：玄門真宗癸卯年，與神同行大道向前行。宗教學術專門會議第五次總圓滿會議開始。請主持人跟主講人請入座。請大家肅立向玉皇大天尊玉皇上帝行三鞠躬禮，禮成，大家請入座。

開幕

玄興教尊：今年選定五個天赦日舉辦五場重要法會。我們藉由全年天赦日神靈的力量，進行靈體療癒的法事。與會的各位宗教人士，秉持著神職人員的身分，齊聚一堂深入探討，與神同行，甚至與神對話。藉此關起門來，自

我反省宗教團體、宮廟事務。

關門會議的意義有二：其一為宗教人士關起門來，深入探討、學習、研究。其二則因本法派承襲於關聖帝君，故稱之為關門會議。

此外，要特別感謝各位貴賓，其中不乏全程參與五場法會、四場法會或三場法會者。在恩師慈悲法旨的引導下，以及各位的共同發心，我們期許能夠更加精進、成就自我，為眾生、為一切需要者奉獻心力。為表感謝，今日中午特備餐會，再次感謝各位蒞臨，共襄盛舉，圓滿今年的閉門會議。

討論主題

張家麟教授：親愛的教尊，臺上學者先進、同道先進，早上好。值此天赦日圓滿之際，本人謹提出幾點淺見，供大家參考。

今日齊聚一堂，同沾天赦日之喜慶，共同探討玄門真宗之真諦。正如教尊所言，天赦日乃上蒼赦免眾生罪愆之殊日。而玄門真宗秉承玉皇大帝旨意，藉此良辰吉日，召集同道中人，閉門反思台灣宮廟道場現存之諸多課題。

本次會議預計進行約 30 分鐘，由在場專家學者針對特定議題進行多角度探討。議題內容涵蓋宮廟道場人才培訓、聖凡兩類修行之道，以及玉皇大帝所倡導之「三命圓融修行法門」之合理性等面向。

首先，讓我們請王心伶博士生分享其對於神職人員培訓之獨到見解。

培訓神的代言人

王心伶博士生：本次會議第五場聚焦於「神職人員培訓」議題。管理學將人力資源劃分為五類：

一、宗教領袖：擔任組織領導者，負責決策。

二、神職人員：扮演承上啟下之重要角色，傳達教義與執行事務。

三、專職行政人員：負責推動組織運作，確保流程順暢。

四、制度：秉持發願精神，依循宗教規範運作，服務社會及宗教團體

五、信徒：組織之基礎，致力於推廣教義，引導慕道者逐步加入信仰。

建議各廟宇、宮廟可依循短期、中期、長期三階段培訓神職人員：

短期培訓：可安排三天至五天之課程，奠定基礎知識與技能。

中期培訓：待具備一定基礎後，再進階參與修行階層之培訓。

長期培訓：進入長期學院接受系統化教育，深化專業素養。

宗教信仰排名的部分，華人民間宗教在兩岸信徒最多，排第一名，可是在世界上只是排第五名而已。所以我們有很大的努力空間。我以為就是「師徒制」，信徒需要師父帶領的。

各行各業皆有相通之處，例如求學需要老師指導。在此，我亦要向張家麟教授致謝，他一路以來悉心栽培，引導我踏上學術研究之路。

同樣地，宗教修行亦然，師傅應循序漸進地引導神職人員，神職人員再傳授信徒修行的法門。

禪宗六祖慧能大師般的天才型修行者寥寥無幾，多數人如同神秀法師般，需透過苦修精進。因此，師徒制的建立至關重要，遵循既定制度循序漸進地修行與培訓，才能涵養身、心、靈。

張家麟教授：感謝王博士生的精彩分享。在眾多宗教修行中，佛教信徒對師父的尊敬可謂首屈一指。當師父蒞臨時，所有信徒都會起立致敬，以示對佛法僧三寶的虔誠信仰。這種發自內心的恭敬之情，值得我們學習與借鑒。

接下來，讓我們請龔教授為我們分享如何培育神職人員人才的寶貴經驗。

宮廟軟硬體的建立

龔昶元教授：今天要跟各位分享的主題為「宮廟寺院的軟硬體與自動化」。現今社會已由工商社會邁向多元化發展，人們對於信仰的選擇也更加多元，如同選擇大學一般。

面對社會變遷，宮廟寺院亦需因應調整，並建立自身特色，以贏得信徒信賴，鞏固信仰基礎。事實上，許多宮廟寺院經營有成，深受信眾崇敬，香火鼎盛，箇中原因可歸納為以下幾點：

從技術層面而言，宮廟品牌建立與社會企業特質是兩大關鍵。

宮廟品牌，在商業領域可歸類為「品牌權益」。宮廟建築的外觀設計應美觀且具吸引力，並保持整潔，以營造良好的第一印象，吸引民眾參與活動。此外，品牌應具備影響力與知名度，並傳遞正面形象，並擁有專屬資產。

品牌效益在於提升知名度與影響力，使民眾、信徒與大眾一看到品牌就能聯想到該宮廟，並產生正面觀感。因此，神明亦可建立品牌，對外作為宮廟行銷策略，對內則傳達理念至內部成員心中。

其次，何謂宮廟社會企業？宮廟社會企業兼具福利、助人與非營利機構的特性，並秉持正確理念，獲得大眾信賴與支持。面對現代社會的變遷與多元機構的競爭，宮廟社會企業須提升營運效率，以企業管理思維宣揚理念，有效傳達信仰、哲學、理念、思想與使命至信徒心中。

具體而言，宮廟社會企業應建立完善的管理制度，包括神職人員培育、修行方法優化與專業形象塑造等，並以制度化方式落實。

採行上述策略，可奠定宮廟寺院軟硬體自動化與系統化的基礎。因此，宮廟品牌建立與制度效率化是兩大關鍵因素。

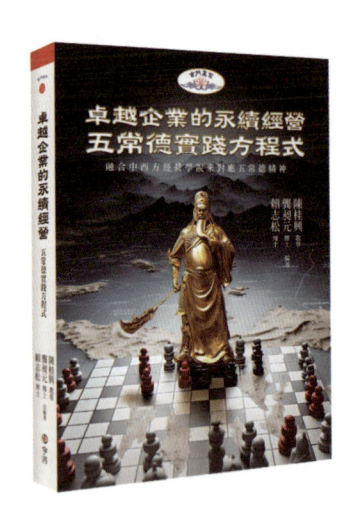

宗教市場論

張家麟教授：龔教授從管理學的視角切入，精闢分析了宮廟經營之道。他指出，若缺乏優良品牌形象、社會企業責任感、營運效率與完善制度，宮廟將難以在競爭激烈的宗教市場中脫穎而出。

龔教授新書發表

宗教社會學中有一個重要的概念，即「宗教市場論」。該理論認為，宗教團體如同企業般，必須在宗教市場中競爭，以吸引信徒。玄門真宗在與其他宗教交流互動之餘，亦應致力於凸顯自身品牌特色與形象，才能在宗教市場中站穩腳跟。

接下來，讓我們請台灣大學謝博士為我們分享「神學理論的重要性」的議題。

宗教人才的培訓

謝政修博士：秉持心伶博士與龔教授的觀點，我認為宗教人才內部培訓至關重要，亦是建立自身品牌的重要策略。以下我提出三點值得深思的議題：

第一，就是跟科技的結合。

第二，就是多元行銷。

第三，要確立自己宮廟核心。

結合科技：意指宣教方式可藉由科技載體傳遞。我十分讚賞玄門真宗製作的影片，其精緻度與美感令人印象深刻。現今社會，媒體載體與影音已然成為不可或缺的基本面向，亦是科技發展的趨勢。如今科技功能更加多元，例如嘗試運用

人工智慧進行內容創作，包括文稿撰寫、圖片生成等，或是開發專屬智慧型手機應用程式，從不同角度建構更為精緻、高妙的形象。我認為這應是未來宣教的發展趨勢。

多元行銷：傅篤誠先生於「多元行銷」講座中闡述了非營利組織的五種行銷策略，分別為「內部行銷」、「關係行銷」、「事件行銷」、「善因行銷」與「體驗行銷」。簡而言之，非營利組織應密切關注社會脈動，並積極參與其中。例如，在重大議題浮現之際，宮廟可透過事件行銷，傳達自身立場、創造議題機會，甚至舉辦多元活動，引領大眾從體驗中認識宮廟文化。玄門真宗即積極舉辦路跑等多元活動，成效斐然。

最後一項重點為「自我核心的確立」。推廣過程中，雖可能運用多元科技工具，然仍須謹慎平衡，以確保宮廟文化保有其不變的核心內涵，切勿因汲汲於科技發展而失卻原本的文化底蘊。

運用 IG 與 Dcard

張家麟教授：謝博士提出的「現今社會偏好影像勝於文字」觀念至關重要。他觀察到，當代年輕族群普遍習慣透過影像汲取資訊，且偏好使用 Instagram 等新興社群平台。因此，建議玄門真宗應積極將既有影片及影像轉換為 Instagram 內容，以貼近年輕族群的閱讀習慣。

大學生習慣透過 Dcard 等網路論壇表達意見，且日本僧侶藥師寺寬邦以饒舌方式演繹《心經》，在中國大陸掀起熱潮，皆為宮廟行銷值得借鑒的案例。

為鼓勵各宮廟先進掌握影音製作技巧，影音傳播將是未來趨勢，值得宮廟積極運用。

閉關修行的面向

繼先前的議題討論後，今日我們將聚焦於「用什麼方法培訓這些人才」？有請王心伶博士生為我們分享。

王心伶博士生：對於「閉關修行」議題，從五個面向進行闡述：

1. 閉關修行的可行性：閉關修行在台灣並非不可行，已有諸多修行者實踐此法門。例如，靈鷲山的心道法師在塚間閉關修行三年，禪宗達摩祖師則閉關九年。然而，閉關修行須謹慎行事，避免走火入魔，因此在閉關前、中、後各階段，應遵循師父或老師的指導。

2. 閉關修行的目的：佛教修行者閉關修行，旨在精進修行，淨化自身六根（眼、耳、鼻、舌、身、意），並去除貪、嗔、痴三毒。透過內觀與反思，修行者得以深入自我，提升精神層次。

3. 閉關修行的內容：入閉關室後，修行者應將心念集中於神聖本質，並透過靜坐、冥想、灑掃、禮神、持咒、誦經、讀經、悟經等方式，與神靈進行心靈交流。此外，修行者應遵循教門規範，進行精進修行。

達摩為閉關修行的祖師爺

4. 閉關修行的禁忌：入閉關室後，應遵守禁聲、禁語、禁帶手機、齋戒沐浴、按時作息等基本規範。此外，修行者應依循教門及老師的指示，嚴守其他禁忌事項。

5. 閉關修行的準備：玄門真宗修行者閉關前，應先誦念《淨三業神咒》與《關聖帝君大解冤經》，並遵循出關之儀。

張家麟教授：謝謝王心伶博士生，前面所分享的內容，主要以佛教人士的閉關為主。玄門真宗是否有閉關修行的傳統？答案是肯定的。本門在無極殿旁設有

閉關室，玄門真宗閉關修行有何特色？應注意哪些重點？熱烈歡迎玄興教尊為我們分享。

教門閉關修行的要求

玄興教尊：玄門真宗的閉關修行，具有以下六項特色：

1. 冬天閉關：閉關乃是修行過程中不可或缺的功課，遵循春耕、夏耘、秋收、冬藏的自然規律，於秋季結束後展開閉關。

2. 閉關室：閉關地點佔地四分地，備有花園、平臺、神殿以及個人閉關室，打破傳統閉關僅限於單一處所的侷限。

3. 閉關重點：閉關的目的是為了斷絕外界的紛擾，潛心精進內在的修行，精進內在修行，而非僅是休憩睡眠。民間信仰中將閉關視為困於神桌下的做法，實屬謬誤。

4. 閉關時間與方式：閉關時間分為三日、七日、二十一日或四十九日不等。閉關方式則可分為團體閉關與個人閉關兩種。此外，閉關期間應遵守禁聲、禁語、禁交流的規範，放下外在雜念，回歸清淨的本心。抵達玄門山報到後，向家人報平安，並繳交手機。

5. 閉關功課：閉關期間，應專注於既定的修行功課，並於完成半數以上後，可進行其他功課。此外，應保持閉關室的清潔，並進行侍神等相關事務。閉關的目的是為了探究自身的本性，並回歸生命的本源。

6. 出關反思：閉關期間應每日記錄修行心得與開悟感悟，並於出關後進行報告與分享，

玄門真宗閉關室內外場景

檢視自身的修行是否有所精進。

限於時間關係，僅能簡略介紹玄門真宗的閉關修行，期待各位先進不吝指教，謝謝。

張家麟教授：謝謝玄興教尊對玄門真宗的閉關六個重點與大家分享。請問是否可以閉關？答案是可以的。若您想淨化身心，閉關是可行的選擇。然而，閉關期間是否需要請老師指導？答案是肯定的。若無老師指導，閉關過程中可能產生問題。過去，達摩祖師曾閉關九年，心道師父亦在塚間閉關三年，最終皆成為偉大的修行者與師父。

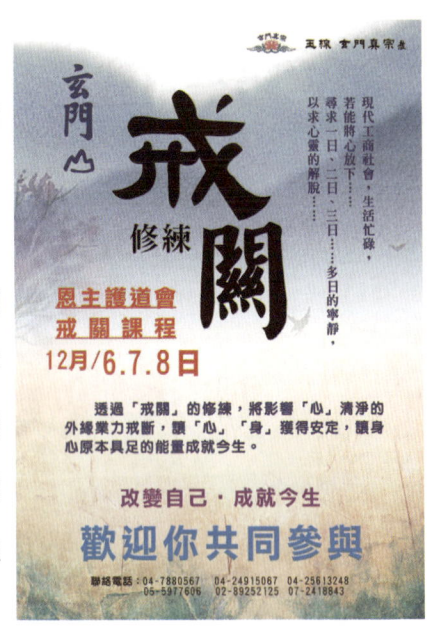

玄門真宗指導門生閉關

接下來，我們將請謝政修博士與龔昶元教授為我們分享。至此，本次討論階段即將結束。讓我們掌聲歡迎謝博士。

建立神職人員培訓

謝政修博士：我將與大家探討神職人員培訓制度的建立可能性。

本人認為，神職人員培訓制度的建立至關重要，旨在培養專業人才並使其制度化。以道教為例，我們可以觀察到一些常見宗教在神職人員培訓方面的幾個特點：

首先，神職人員需先發願傳度、皈依，藉此進入教門並改變自身身份。

其次，神職人員應嚴守戒律，並深入鑽研經典與科儀的內涵。

最後，神職人員應積極履行宗教職責，方能真正融入宗教團體。

簡要而言，道教神職人員的養成，首先需經由皈依、傳度儀式，並皈依道經師三寶。此外，道教尚有進階制度，稱為奏職受籙，以逐步提升神職人員的層級。欲成為道長，須符合相關規範，除時間性規定外，各階段亦需掌握指定經典。

鑑於此，本人認為當代宮廟可參考傳統宗教的制度，例如鸞堂宮廟，自入門至正式神職人員，可劃分多個階段，並針對各階段設定學習內容及考核標準，俾利神職人員逐步晉升。例如，進階到第三階段的神職人員，應熟悉特定經典，並展現具體實務成果，或需參與相關課程，或邀請專家指導建立制度內容。若能建立完善的培訓制度，相信有助於提升宮廟形象。

張家麟教授：謝謝謝政修博士之精彩分享。本人認為，神職人員之養成，宜回歸大學正統教育體系，至少投入四年時間，方能培育出素質優良、嚴謹專業的神職人員。最後一個議題，敬請龔教授分享其對神職人員培訓之看法。

引入 TTQS 培訓人才

龔昶元教授：宗教培訓體系、整個法門的嚴謹性，或說它的制度性，是否有足夠的時間，讓它成為專業的神職人士，是很重要。

傳統中華文化在培訓神職人員方面，常強調天人神授的理念，因此較缺乏制度化的建構；相較之下，基督教等宗教則多有系統化的神學院教育。有鑑於此，玄門真宗應朝向制度化發展，建立起完善的天命、祖命與本命修行體系。例如，可規劃出循序漸進的修行階段，如先修習「聖凡雙修」課程，打好基礎後再晉級第二階段，依序累積專業知識與能力，最終才能完整傳承神的旨意。

現行我國神職人員培訓制度主要有兩大體系：教育部體系與勞動部體系。教育部體系採循序漸進的學制，涵蓋高中、大學至研究所等階段，並具備完善的制度與流程。例如，法鼓山與一貫道崇德學院皆遵循此體系培育神職人員。

此外，中華民國勞動部已導入國際標準組織 TTQS 人才發展品質管理制度，該制度有效協助企業

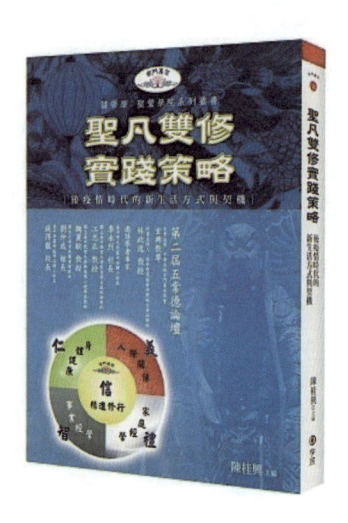

龔教授著修行的實踐策略

培訓人才。鑑此,玄門真宗預計於聖鸞學院成立後,推動並導入TTQS制度,以提升神職人員培訓品質。

優質的培訓人員制度應具備四大指標:

一、檢驗學習者的反應與感受;二、評估學習成效;三、評估學習者能否將所學專業知識與技能應用於實際工作中,並展現具體成果;四、衡量學習者對自己及宮廟事業發展所產生的長遠影響。

透過上述四個指標的檢驗,可有效評估神職人員培訓的整體成效,並獲得信徒的肯定,進而提升宮廟品牌形象與信徒對宮廟的信任感。

張家麟教授: 感謝龔教授,他剛才講的內容,其中第一個重點,玄門真宗的三命-天命、本命、祖命的三命修行。第二個重點是TTQS,是勞動發展引進國際標準組織的ISO整套制度。它的全名叫做國家培訓人才品質管理制度。

接下來,為慶祝聖鸞學院正式成立,邀請貴賓蒞臨「聖鸞學院」揭匾典禮,並舉辦聘書、講狀頒發儀式。

第五場關門專家會議,由玄興教尊召集,張教授主持

首先由玄興教尊致詞，接著，由我說明聖鸞學院成立之宗旨、目標及未來發展規劃。先掌聲有請玄興教尊。

投入社會、教育與學術

玄興教尊：我們同為神的代言人，皆發願救助眾生、為眾生服務。我們都只有一個共同的目標：此願心不僅是您的，恩師的，更是您我共同的。

以更大的願心，來接受、磨練、學習，祈求得到開悟。來為一切眾生服務、做奉獻，甚至做救度、救贖。秉持這樣的理念，我們盡最大的力量，邀請教授、專家、學者，來與大家分享其研究成果。而我們一起來學修、勉勵，甚至共同的鼓勵、精進、努力。

二十餘年來，我們每年皆舉辦學術活動及為各宗各教服務，從未中斷。多年來，我們由單場活動發展至連續性活動，並規劃性地舉辦宗教博覽會、聯誼會、學術講座，並至各地扶鸞，始終秉持著凝聚同修同道、攜手為眾生奉獻、為恩師使命努力、共同成就的理念。

去年，我們圓滿舉辦了關門會議及全國巡迴扶鸞，直自今日畫上句點。在恩主指示下，我們將於年底前成立「聖鸞學院」，作為屬於所有宗教研修者的學習園地，而非僅限於玄門真宗。

玄門真宗總會長帶領各分會幹部入場

第五場關門會議驗收，玄門真宗席開 100 桌，感恩大家參與

歷經二十三年努力推展，今年在恩主訓示、張教授同意並大力支持下，我們決定於明年起，也就是新的一年開始，為所有宗教界同修道長成立屬於大家的學院，提供共同努力、學習、精進、修行的園地。

聖鸞學院的祈願語

張家麟教授：各位同道，請起立。讓我們在恩主公慈悲見證下，攜手同誦《祈願語》，祈求恩主公護佑聖鸞學院興盛，弘揚聖教。

奉行玄靈高玉皇大天尊玉旨，設立聖鸞學院。

設立聖鸞學院，彌補民間宗教教育之不足。

設立聖鸞學院，延續玄門真宗教會辦理宗教教育之傳承。

設立聖鸞學院，一切都奉恩主公的聖名祈求。

讓我們以熱烈的掌聲，祝福聖鸞學院正式成立！現請將聖鸞學院院牌移至前台，恭請恩師蒞臨揭牌。同時，邀請在場的貴賓代表與我們共同揭牌，共同見證這歷史性的一刻。請各位貴賓為我們揭牌！恭賀聖鸞學院正式成立！

尾聲

玄興教尊：再次感謝各位貴賓、教授及參與者。在恩主指示及教授同意下，我們隆重邀請張家麟教授擔任聖鷥學院執行長，為大家提供學術專業的指導。現請教授上台接受聘書。讓我們以熱烈的掌聲，恭賀張家麟教授就任聖鷥學院執行長！

張家麟教授：首先感謝財團法人玉線玄門真宗教基金會董監事在玄興教尊的帶領下，遵循玄靈高玉皇大天尊的旨意，請我擔任聖鷥學院執行長。

聖鷥學院是屬於所有人的，我希望藉由學院的設立，為民間宗教、鸞堂培養優質的神職人員。當然，也需要各位的發心護持，共同參與學院的發展。當然，這一切都是在玄興教尊的帶領下，奉玄靈高玉皇大天尊聖名祈求而來的！謝謝大家。

聖鷥學院揭牌（下），教尊頒發聘書給執行長張家麟教授

結語
接續：開脩門

歡迎上山：玄門山屬於所有朋友的修行道場

關門反思：修行者相互砥礪，關起門來反思自己的優缺點

廟學共享：持續邀請專家學者、宗教領袖分享其經驗

與神同行：修行者從動物性修到人性，再修到神性

修成圓融：修行的目的包括現世圓融與來世圓融兩個境界

終身志業：走上修行之路，終身服膺、勵行恩主公的宗教志業

無量感恩：你我用無量感恩的心，共結深厚的修行道緣

廣開脩門：玄門山永遠廣開修行之門，成就你我無量的慈悲與智慧心

附錄 1 關門：相砥礪
共同討論宮廟寺院的四大構面問題

一、宗教「宮廟寺院」具足的基本條件

1. 依據那些外在硬體（廟宇硬體及神尊、扶鸞或辦事空間的安排）？
2. 依據什麼經典（扶鸞或辦事的經典依據，使命是甚麼，儀軌依據是什麼）？
3. 依據皈依的流派（如何自我認同歸屬於那一脈流，落實皈依從屬關係）？
4. 宮廟重大決定，聽神做主？或管理人做主？採用那種制度？
5. 神人如何分工 (1. 這必須從這間寺廟要達成的使命為優先考量 2. 如何分工)？
6. 新生代傳承、宗廟制度化的管理效率、永續經營發展的瓶頸及其精進突破之道？

二、確證神靈與人的靈魂存在

1. 確實相信是否有神靈？神靈來自哪裡？歸屬在哪裡？
2. 能確認神靈使命是甚麼？有什麼依據？
3. 神靈降筆或辦事的特質及功能？
4. 確實思考與確信對人死後還有靈魂的存在與否？
5. 確實思考人在死後靈魂歸往到哪一個國度？
6. 靈魂歸在的地方，是神的國度、祖牌或是墳骨的地方？

三、神與人關係

1. 人與神靈的因緣關係？
2. 人如何去服膺神靈的大誓願？
3. 人如何去向神學習？除了特定的體質人選能學外，一般人是否也可以學習？
4. 你就是神？還是神的使者？

5. 神進入你的身心靈，完全掌控你？或你的身體由自己作主？

6. 神進入你的身體，掌控你的身體，但沒有控制你的意識？或自己完全自主，只是聽神所指示，相互配合？

7. 與神同行的目的是要完成神的要求？

8. 與神同行是為了達成你想要的行功立德、完成使命、自度度人等宗教目的？或有其他的想法？

四、成就三命圓融皈證修法

1. 再次反思「宮廟寺院」須具足的基本條件？

2. 選賢拔才之方？基本功課？

   （1）必須從基本選才學修功課？（大家都可方便學習 A 讀經典 B 讀聖賢論述 C. 每日印心修法功課 D 每日虔敬伺神 E. 修行日誌 F. 恩師會契）

   （2）到初階的專一培訓修法？（神人篩選俱足靈修條件 A. 靈氣拳修練 B. 圓融大法修練 C. 金指妙法修練 D. 祖靈相應法）

   （3）能進入進階修法？（自己安排閉關修法或委由其他宗門代辦閉關修法）

   （4）必須逐漸嚴謹的以代天宣化修行嚴格培訓之方？（虔敬參鸞，祈求授命）

   （5）當漸趨成熟，則可授以高階修法登壇鸞訊宣法？（註榜宣頒筆號）

   （6）培訓過程制度化、分級認證、客觀、公正的修練程度、量化衡量指標建立之可行性？

3. 成就三命圓融皈證修法？

   （1）天命是什麼？它的修行方法？

   （2）本命是什麼？它的修行方法？

   （3）祖命是什麼？它的修行方法？

附錄 2 花絮：來精進
第一場照片集錦（2023.3.21 戊寅日）

「關」門學術會議

會眾專心聆聽

教尊致歡迎詞

靈修法會現場

由玄門真宗辦理靈修法會

信眾虔誠祭拜

第二場照片集錦（2023.6.5 甲午日）

會眾專心聆聽 　　　　　　　　　　張文政道長解說科儀意涵

陳國禎道長出席「關」門會議 　　　以道教科儀辦理靈修法會

赦馬攜帶文書，稟報上天 　　　　　榜文

第三場照片集錦（2023.8.18 戊申日）

會眾專心聆聽

學者發表意見

張家麟教授發表意見

靈修法會普施供品

台中佛恩寺法師課誦《藥師寶懺》

台中佛恩寺法師舉行「甘露施食」

第四場照片集錦（2023.10.17 戊申日）

會眾專心聆聽 　　　　　　　　　　　龔昶元教授發表意見

多傑洛本仁波切解釋煙供法會意涵 　　多傑洛本仁波切主持煙供法會

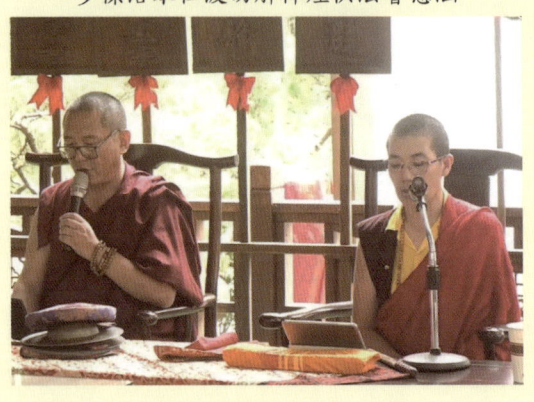

藏傳佛教喇嘛課誦經文 　　　　　　　煙供

第五場照片集錦（2024.1.1 甲子日）

終場天赦日感恩餐會法壇

玄興教尊致詞，張家麟教授主持

頒發紀念獎牌

「關」門會議期末報告

教尊與恩主護道會總會長帶領教授及幹部上台致意

千人擺桌福宴

附錄3 參與：來修行

第一場

參與團體

書劍德道院
昊元仙宗
無極龍華慈惠堂
溪州鄉覆靈宮
開基中天玄靈寶殿
中華天帝教總會
台灣關公文化協會
台中太平聖明堂
中華國際嘎檔巴佛教總會
彰化廣玄宮
中華道教經籙文化教育學會
大潭保安宮
韓信爺財神宮
員林百果山廣天宮
基隆代天宮
天公山天賜宮
內湖玄明宮
中華天德聖教念字聖堂
基隆雲義山關帝廟
鳳儀宮至光堂
社頭 威聖宮
中華關聖文化世界弘揚協會
二崙興國宮
北港聖德宮

碧玉宮天寶堂
寶蘆宮英文堂
金剛山日月大道院
慈聖保生宮
艋舺協天宮
南投南天宮
南投福龍宮
竹東慈惠堂
崙背天衡宮
華山慈惠堂
台中南天宮
台中玄真宮
嘉義玉闕代天府明性堂
中國真佛宗密教總會
中華曡光世界傳善總會
中華女媧娘娘聖道會
宇宙大愛行願聯盟
瑤皇宮明義堂合興山慈惠堂
獅頭山勸化堂
玄美慈惠堂
鹿港慈惠堂
台灣關公精神華人總會

個人

羅美芳、劉詠珊、釋本慧
劉萬田、謝泰山、高儷庭
莊士寬

第二場

參與團體

中華天德聖教念字聖堂	宇宙大愛行願聯盟
中華天帝教總會	中華女媧娘娘聖道會
昊元仙宗	武明山慈善會
中華關聖文化世界弘揚協會	台中太平聖明堂
埔心霖鳳宮	竹山萬聖殿
基隆代天宮	屏東 紫玉宮
艋舺協天宮	正一嗣漢張天師府
內湖玄明宮	鹿港慈惠堂
鳳儀宮至光堂	苗栗慈明堂
中華民國道教法師聯合總會	善導慈恩精舍
龍潭 地母宮	佛教大毘盧遮那禪林基金會
書劍德道院	高雄不動產公司
無極龍華慈惠堂	
嘉義玉闕代天府	個人
北港聖德宮	羅藝珮、游淑貞、莊舒昀
天公山天賜宮	林鳳英、宋彥昌、劉梛甫
中華地母至尊道教會	李世雄、劉詠珊、黃鳳蘭
文武聖廟感德堂	杜一秀、黃鳳華、楊玉霞
竹塹太和靈山修道院	湯正任、翁綵眉、陳光偉
二崙興國宮	黃韋捷、張秀綾、廖美梅
華山慈惠堂	謝瑞正、謝孟霖、蘇珮琦
台南中天玄靈寶殿	施振隆、鄭蒼澤、許世春
中華疊光世界傳善總會	陸選喜、劉欣宜、劉燕彰

第三場

參與團體

理教善法世界	書劍德道院
台中光明山佛恩寺	仕隆帝仙宮明恭堂
中華民國天德聖教念字聖堂	玄鷟山高邑雲天宮
中華天帝教總會	太上混元道府
世界統一家庭聯合會彰化分會	玄美慈惠堂
中華關聖文化世界弘揚協會	國際中山會
溪州覆靈宮	
鳳儀宮志光堂	個人
無極混元昊天代天首府	蔡秀幸
嘉義玉關代天府明性堂	詹瑞珠
北港聖德宮	徐嘉慧
崙背天衡宮	高儷庭
宇宙大愛行願聯盟 中華總會	莊士寬
中華疊光世界傳善總會	吳聰亮
華山慈惠堂	謝瑞正
鹿港慈惠堂	謝孟霖
武明山玄天上帝廟	
台中太平聖明堂	
IBC 印度國際佛教聯邦	
中華順天聖母發展協會	
台灣中道協會	
苗栗慈明堂	
台灣生物電自然保健推廣協會	

第四場

參與團體

中華民國天德聖教念字聖堂	中華順天聖母發展協會
中華天帝教總會	北港聖德宮
昊元仙宗	台南人盤行政中心
谷關大道院	伍龍殿
社團法人中華大圓佛學會	竹塹太和靈山修道院
鳳儀宮至光堂	艋舺協天宮
宇宙大愛行願聯盟中華總會	玄美慈惠堂
中華蘯光世界傳善總會	高雄分會玄義道院
嘉義玉闕代天府明性堂	
溪州鄉覆靈宮	個人
華山慈惠堂	王學毅、羅美芳、林　洋
無極混元昊天代天首府	陳俐伶、黃素暖、黃素暖
鹿港慈惠堂	林祝豐、林祝豐、許璪文
財團法人台灣省基隆市益心寺	沈西田、古淑惠、潘秋蘭
埔心霖鳳宮	陳建志、劉燕彰、沈西田
苗栗慈明堂	洪玉燕、林朝和、林奕儒
花壇武祿宮	楊倉頂、黎玉蘭、張弘岳
武明山玄天上帝廟	陳美華、蘇榮瀧、陳月梅
卦山少林寺	許雅雲、曾信權、莊士寬
澎湖慈安堂	高儷庭、國碧雲、張仙慧
二崙興國宮	陳沛誼、國惠齡、吳思嫻
大埤文英宮	吳家榛、范文昌、鄭尚緯
大無極聖殿	鄭尚緯、羅美芳

第五場

參與團體

中華天德聖教總會	瑤皇宮明義堂
財團法人山達基教會高雄機構	北港聖德宮
北港朝天宮	大潭保安宮
社團法人中華昊元仙宗協會	天台山中央靈修院
基隆大竿林代天宮	烏日福德祠
玉窩宮	玉闕朝仁宮
中華九天元君道宗促進會	鹿港慈惠堂
霖鳳宮	溪州聖安宮
五龍山紫雲道場	鹿寮福德宮
無極普蓮天道院	玄元道宗
嘉義玉闕代天府明性堂	花壇武祿宮
台中市武明山慈善會	武德福山宮
二崙興國宮	定賢宮
桃園明聖道院	聖惠宮
義忠堂靈覺寺	楓灣宮
財團法人新北市智成忠義宮	金盾城隍廟管理委員會
智成堂文武聖廟	中庄福安宮
財團法人屏東市聖帝廟慈鳳宮	三家春三山國王廟
玄美慈惠堂	開南寺管理委員會
先天一炁玄砂宮	彰化慈願媽祖會
雲林莿桐文武聖廟感德堂	社團法人中華大圓滿學會
龍華慈惠堂	中華天帝教總會
社頭威聖宮	

中華民國天道總會

天帝教天人研究學會

艋舺協天宮

書劍德道院

鳳儀宮至光堂

苗栗慈明堂

東照山關帝廟

嘉義玉闕代天府明性堂

竹塹太和靈山修道院

人盤行政中心台南辦事處

大埤文英宮

彰化天波府

中華曡光世界傳善總會

中華女媧娘娘聖道會

宇宙大愛行願聯盟

華山慈惠堂

個人

陳昱辰

羅美芳

王學毅

劉燕彰

國家圖書館出版品預行編目資料

大道向前行Ⅲ：與神同行／陳桂興總召、張家麟總編.
--第一版--臺北市：宇烔文化出版有限公司出版：
紅螞蟻圖書發行，2025.04
　面　；　公分--（玄門真宗；18）
　ISBN 978-986-456-333-3（平裝）

1.CST: 宗教　2.CST: 信仰

210.111　　　　　　　　　　　　　114001704

玄門真宗 18

大道向前行Ⅲ：與神同行

總　　召／陳桂興
總　　編／張家麟
發 行 人／賴秀珍
執行編輯／何南輝
校對整理／柯貞如、紀婷婷、陳芊妘、蘇倍民
美術構成／沙海潛行
出　　版／宇烔文化出版有限公司
發　　行／紅螞蟻圖書有限公司
地　　址／台北市內湖區舊宗路二段121巷19號(紅螞蟻資訊大樓)
網　　站／www.e-redant.com
郵撥帳號／1604621-1　紅螞蟻圖書有限公司
電　　話／(02)2795-3656（代表號）
傳　　真／(02)2795-4100
登 記 證／局版北市業字第1446號
法律顧問／許晏賓律師
印 刷 廠／卡樂彩色製版印刷有限公司
出版日期／2025年4月　第一版第一刷

定價 500 元　　港幣 167 元

敬請尊重智慧財產權，未經本社同意，請勿翻印、轉載或部分節錄。
如有破損或裝訂錯誤，請寄回本社更換。

ISBN 978-986-456-333-3　　　　　Printed in Taiwan